Especialmente para:

....

De:

....

El día:

....

Eres
bendecida

· · ·

Inspiración para recargar tu alma

DARLENE SALA

inspiración para la vida
CASA PROMESA
Una división de Barbour Publishing, Inc.

Desarrollo editorial: Semantics, Inc. P.O. Box 290186, Nashville, TN 37229.
semantics01@comcast.net

Publicado por Casa Promesa Una Division de Barbour Publishing, Inc., P. O. Box 719, Uhrichsville, Ohio 44683, www.casapromesa.com.

Nuestra misión es publicar y distribuir productos inspiradores que ofrezcan valor excepcional y motivación bíblica al público.

ecpa Member of the
Evangelical Christian
Publishers Association

Impreso en Estados Unidos de América

*Dedicado a todas las mujeres ocupadas
que tienen sed del Agua de Vida que
refresca, estimula, revitaliza, restaura
y proporciona sanidad.*

• • •

Un agradecimiento especial para
Yna Reyes, Joanna Nicolas-Na,
Karen Huang, Marianne Ventura,
Lety Paler, Butch Pang, mi hija
Bonnie Craddic, y mi esposo,
Harold Sala.

ANTES DE COMENZAR

Todas las mujeres que conozco son mujeres ocupadas; así es la vida del siglo XXI. Por ello, es especialmente importante hacer pequeñas pausas diarias para «restaurar tu alma» (Sal 23.3). Sin pretender ser el sustituto del estudio de la Biblia, estas breves selecciones devocionales se han escrito para refrescarte y fortalecerte... y, en ocasiones, también para desafiarte.

Las selecciones están, todas ellas, basadas en las Escrituras y son alentadoras; por tanto, espero que serán para ti como un trago de agua fresca cuando estés sedienta y cansada.

• • •

Daré de beber a los sedientos y saciaré a los que estén agotados
JEREMÍAS 31.25

1

*Pon en manos del SEÑOR todas tus
obras, y tus proyectos se cumplirán.*
PROVERBIOS 16.3

• • •

UN LÁPIZ Y UN CUADERNO NUEVOS

Cuando era niña, siempre me gustaba conseguir un
lápiz flamante, sacarle punta hasta un punto perfecto
y sentarme con un cuaderno recién estrenado. De
alguna manera, ¡aquel lápiz y aquel papel pristinos
presentaban tantas posibilidades! Para mí, ocurre lo
mismo con un nuevo año... es un nuevo comienzo.

Recuerdo sentarme al empezar un nuevo año
y orar: «Señor, quiero que todo este año marque la
diferencia para ti». Sin embargo, el problema de esta
oración es que nunca experimento la totalidad del
año de una vez. Cada año viene en trescientos sesenta
y cinco días, cada uno de los cuales tiene veinticuatro
horas o mil cuatrocientos cuarenta minutos. A menos
que haga que esos días y horas individuales cuenten

para Dios, cuando diciembre llegue de nuevo a su fin, nada habrá cambiado.

Tal vez nunca se alcance el punto de un compromiso de veinticuatro horas totales al día con la voluntad de Dios. En mi experiencia, ese compromiso solo sucede en actos de obediencia de momentos aislados. Personalmente no me supone ningún problema comprometer todo el año a Dios, o, de hecho, toda mi vida. Lo que me causa problema son los momentos, las pequeñas decisiones sobre el uso que hago de mi tiempo, mi dinero y mi energía. Y la pregunta es: «¿Qué quiere Dios que yo haga en este preciso momento?». ¿Estoy dispuesta a hacerlo?

● ● ●

Señor, desde hoy, ayúdame a considerar cada momento como algo importante para ti. Tu Palabra exhorta: «Encomienda al Señor tus obras» (Pr 16.3). Ayúdame a preocuparme más por lo que tú quieres y no por lo que yo deseo. Gracias por el «lápiz y el cuaderno nuevos»: un nuevo comienzo.

*Hijos, obedezcan a sus padres en
todo, porque esto agrada al Señor.*
COLOSENSES 3.20

• • •

MI VOLUNTAD O LA DE DIOS

Una noche, mi hija llamó a mi nieto mayor, que en
ese tiempo tenía dos o tres años y le dijo que viniera
a la mesa para cenar. La tomó por sorpresa que él
respondiera: «No, mami, no voy a ir. Ahora voy a
jugar». Como se pueden imaginar, aquel día mi nieto
aprendió el significado del versículo bíblico que dice:
«Hijos, obedezcan a sus padres en todo, porque esto
agrada al Señor» (Col 3.20).

Cuando mi hija me habló sobre esto, sentí
una punzada de culpa. Cuando Dios le hablaba a
mi corazón sobre algo que quería que yo hiciera
¿cuántas veces le había dicho yo: «No, Señor, en
estos momentos quiero hacer otra cosa»? Ven, aparte
de Dios, en mi vida hay otro poder, uno fuerte: mi
propia voluntad. Aunque odie admitirlo, muchas

veces mi voluntad se enfrenta a la de Dios. Esta batalla por hacer las cosas a mi manera es la esencia del pecado. Isaías escribió: «Todos andábamos perdidos, como ovejas; cada uno seguía su propio camino» (Is 53.6). Mi camino en oposición al de Dios. Se me ha dado la capacidad de elegir.

Necesito venir cada día al Señor y preguntarle: «¿Qué quieres hoy de mí?». Romanos 12 nos alienta a presentar nuestro cuerpo como sacrificio vivo al Señor. Pero, como alguien señaló, el problema de los sacrificios vivos es que no paran de luchar para bajarse del altar. Por eso me parece necesario presentarme al Señor *cada* día.

¿Qué será hoy, la voluntad de Dios o la tuya?

Pedro bajó de la barca y caminó sobre el
agua en dirección a Jesús. Pero al sentir
el viento fuerte, tuvo miedo y comenzó a
hundirse. Entonces gritó: ¡Señor, sálvame!

MATEO 14.29-30
(LA HISTORIA COMPLETA EN: MATEO 14.22-33)

• • •

¿QUÉ ESTÁS MIRANDO?

Me siento tan feliz de que Jesús escogiera a Pedro
como uno de sus discípulos, porque es como la
mayoría de nosotros: curioso, impetuoso, y, a veces,
débil.

Mateo 14 nos cuenta la historia de uno de
los episodios más conocidos en la vida de Pedro.
Los discípulos estaban en un barco y Jesús vino
a ellos caminando sobre las aguas. Pensaron que
era un fantasma, pero él les dijo inmediatamente:
«¡Cálmense! Soy yo. No tengan miedo» (v. 27).

«Señor, si eres tú —replicó Pedro—, manda que

yo vaya a ti sobre las aguas». «Ven», le respondió Jesús. Entonces, lleno de audacia, Pedro saltó del barco y comenzó a caminar sobre el agua hacia Jesús. Sin embargo, cuando se dio cuenta de la tormenta, empezó a hundirse. De inmediato, Jesús alargó su mano y lo agarró. Mientras Pedro mantuvo los ojos fijos en Jesús, caminó sobre el mar. Pero en cuanto contempló las circunstancias que lo rodeaban, empezó a irse al fondo.

Cuando centras tu atención en la cantidad de facturas que tienes que pagar, o en el diagnóstico de leucemia que te ha dado el doctor, empezarás a hundirte igual que Pedro. La diferencia está en dónde concentras tu atención. Si miras a tu propio corazón, te deprimirás. Si miras en retrospectiva a tu pasado, caerás derrotada por el recuerdo de los fracasos. Si tu mirada se posa en los demás, te puedes decepcionar. Pero si contemplas a Cristo, jamás te vendrás abajo; no te sentirás vencida ni desilusionada.

Fijemos la mirada en Jesús, el iniciador y perfeccionador de nuestra fe», dice Hebreos 12.2. Cuando te sientas abrumada por la tormenta, mira a Jesús. Él está ahí. Alarga tu brazo y busca su mano.

Con tus manos me creaste, me diste forma.
SALMO 119.73

• • •

¿ESTOY EN FORMA?

La mayoría de nosotras no estamos contentas con nuestro cuerpo. Nos gustaría perder unos cuantos kilos... sin esfuerzo, por supuesto. Desearíamos tener músculos más firmes, unas curvas más moldeadas. Pero lo que tenemos es lo que nos ha tocado, ¿verdad?

Ahora bien, la Biblia dice que en el principio Dios formó a Adán «del polvo de la tierra» (Gn 2.7). Pero también te formó a *ti*. El salmista se hace eco: «Con tus manos me creaste, me diste forma» (Sal 119.73).

Entonces, si Dios te formó, ¿qué te dice eso en cuanto a tu cuerpo? Claramente que es exactamente lo que él pretendía para ti, para cumplir su propósito único. No podemos echarle la culpa a Dios cuando no nos cuidamos. Nuestro cuerpo es una herramienta que Dios nos ha dado para servirle; deberíamos, pues, ocuparnos de él para sus propósitos.

¿Y si eres discapacitada? ¿También tiene Dios un propósito para ti? Desde luego que sí. Cuando la poetisa Annie Johnson Flint era adolescente, desarrolló una artritis paralizante que fue empeorando hasta sus últimos años; para poder escribir tenían que acuñarle un lápiz entre los dedos. A pesar de ello es la autora de más de siete volúmenes de poesía en los que no hay el menor rastro de autocompasión ni de quejas contra la voluntad de Dios. Escribió:

Dios no ha prometido cielos siempre azules
Ni una vida cual sendero de flores y perfumes;
Pero sí ha prometido fuerzas para todo el día
Descanso del trabajo, y luz para la travesía.[1]

Ofrece tu cuerpo al Señor hoy como don, «santo y agradable a Dios» (Ro 12.1). Te asombrará ver lo que él hace con él.

---

1. http://www.hymnal.net/hymn.php?t=nt&n=720 accesado 10 septiembre 2008.

*Hermanos, yo mismo no pretendo haberlo
ya alcanzado; pero una cosa hago...*
FILIPENSES 3.13; RVR1960

• • •

UNA COSA HAGO

Mi amiga Georgalyn siempre ha sido una dama
extremadamente ocupada. Cuando falleció su esposo
a una edad temprana, crió sola a sus dos hijas todavía
pequeñas. A lo largo de aquellos años y hasta ahora,
también ha encabezado una organización cristiana u
otra. En un momento dado, fue la radio misionera,
y, ahora, es la publicación misionera. Con su
compasión por las personas necesitadas, marca una
diferencia con su vida.

Aunque siempre he admirado su valor y su
dedicación, he observado otra cosa en Georgalyn
que habló a mi corazón de un modo especial. Tan
atareada como estaba, tomó la decisión de entregarse
siempre por completo a su tarea del momento. Por
ejemplo: cuando alguien la detenía para hablar,

siempre escuchaba de verdad. Independientemente de lo ocupada que estuviera o de las muchas cosas que tenía en la mente, entregaba una atención total a esa persona.

El apóstol Pablo afirmó: «Una cosa hago» (Fil 3.13). Cuando te lo propones es casi todo lo que la mayoría de nosotras podemos manejar bien en un momento dado, ¿no es así? Una cosa a la vez.

Jesús fue maestro en ello. Estoy segura de que sin importar con quien hablara, esa persona sabía que tenía toda su atención. Se tomaba el tiempo de suplir cada necesidad, antes de pasar a la siguiente. ¡Y nadie más tuvo nunca tantas personas exigiendo su atención como en el caso de Jesús!

«Una cosa hago»; que Dios nos ayude a recordar este pensamiento hoy y a ponerlo en práctica. Quizá se convierta en una costumbre.

*Ciertamente te bendeciré. Multiplicaré
tu descendencia hasta que sea incontable,
como las estrellas del cielo.*

GÉNESIS 22.17; NTV

• • •

¿CUÁNTAS ESTRELLAS?

En el año 125 A.C., Hiparco contó el número de las
estrellas del cielo. Llegó a la conclusión de que había
1.022. Sin embargo, setenta y cinco años después, el
astrónomo Tolomeo encontró cuatro más y declaró
que eran 1.026.

Resulta interesante que la Biblia, escrita 2.700
años *antes* de Tolomeo, afirmara que las estrellas
eran innumerables. Dios le prometió a Abraham que
sus descendientes serían tan numerosos «como las
estrellas del cielo y como la arena que está a la orilla
del mar» (Gn 22.17). Los escépticos se burlaron de
semejante comparación. Equiparar el número de las
estrellas a los granos de arena en la orilla del mar era

algo digno de risa. Después de todo, hay muchos más granos en un puñado de arena que las 1,026 estrellas que Tolomeo afirmaba existir.

Sin embargo, hace muy pocos años, en un programa de televisión muy aclamado, el notable científico evolutivo Carl Sagan dijo que era muy probable que hubiese tantas estrellas en el cielo como granos de arena en las orillas de los mares del mundo. Escrita hace siglos, la Biblia siempre ha estado en lo correcto.

El salmo 147.4; NTV nos dice: «Cuenta [Dios] las estrellas y llama a cada una por su nombre». Nosotros los seres humanos todavía no las hemos contado todas, por no hablar de nombrarlas. Pero Dios sí las ha contado ya y a cada una le ha dado su nombre.

No es de sorprender que el salmista escribiera: «Cuando contemplo... las estrellas que allí fijaste, me pregunto: ¿Qué es el hombre, para en él pienses? ¿Qué es el ser humano para que lo tomes en cuenta?» (Sal 8.3-4).

Jesús les respondió: Escrito está: «No sólo de pan vive el hombre, sino de toda palabra que sale de la boca de Dios».

MATEO 4.4

• • •

EL MANUAL DE INSTRUCCIONES

Cuando compras una máquina —ya sea una computadora, un auto o una máquina de coser— recibes un manual de instrucciones. La mayoría de nosotros ponemos el libro a un lado, dudando mucho de utilizarlo alguna vez. Pero un día, cuando algo va mal con el equipo, tal vez te preguntes: *¿dónde estará el manual de instrucciones que venía con esto?*

Seguro que conoces el viejo dicho: «Si todo lo demás falla, lee las instrucciones». Bueno, diríamos que no es de sabios si alguien no sabe nada sobre un artículo de equipamiento y aun así se niega a remitirse a las directrices de cómo utilizarlo. Con todo, muchas personas no abren jamás el manual de instrucciones que les aconseja cómo reparar a un ser humano: la Biblia. Es el Libro que nos dice de dónde venimos, de qué estamos hechos, cómo podemos mantenernos en buen funcionamiento; en resumen, exactamente qué nos hará más útiles y nos sacará mayor partido. La gran tragedia es que demasiadas personas intentan vivir su vida sin *el* Manual de instrucciones.

Jesús dijo: «No solo de pan vivirá el hombre, sino de toda palabra que sale de la boca de Dios» (Mt 4.4). Si no has abierto nunca la Biblia, te sugeriría que comenzaras por el libro de Marcos, en el Nuevo Testamento. Por una razón: es breve y va al grano. Obtendrás una visión global que quién es Jesús y de por qué vino a la tierra. Marca esos versículos que te hablen al corazón.

Te sorprenderá lo práctico que resulta el Libro de instrucciones de Dios. No solo hallarás directrices de cómo vivir, sino que te encontrarás con Aquel que te diseñó... y que puede reparar cualquier cosa.

*Pero Moisés le dijo a Dios: ¿Y quién
soy yo para presentarme ante el faraón
y sacar de Egipto a los israelitas?*

ÉXODO 3.11

(LA HISTORIA COMPLETA EN: ÉXODO 3.1-22)

• • •

¿QUIÉN SOY YO?

La zarza ardía, pero no se quemaba. Llevado por la
curiosidad, Moisés se detuvo a investigar. Ni en un
millón de años habría esperado oír lo que oyó: la voz
de Dios que le hablaba en alto diciéndole que había
sido comisionado para conducir a los israelitas fuera
de la esclavitud de Egipto y llevarlos al lugar que Dios
había prometido que sería su patria.

¡La respuesta inmediata de Moisés fue la del
shock más absoluto! «¿Quién soy yo para hacer un
trabajo como ese?» —preguntó—. Ya no recuerdas
que tuve que escapar de allí, porque me querían matar?
¿Y ahora quieres que vuelva y le convenza a Faraón de
dejar que su mano de obra se marche?

Tal vez Dios está hablando a tu corazón sobre algo que quiere que hagas, algo que hoy te parece superar por completo tu capacidad. Como Moisés, estás diciendo: «¿Quién soy yo para emprender un trabajo como este?». Dios le recordó a Moisés que su nombre es «YO SOY», que él es el Dios del pasado, del presente y del futuro. Él es el Dios de *tu* pasado, de *tu* presente y de *tu* futuro.

Cuando Dios te da un trabajo para que lo hagas, lo que más importa no es quién seas tú, sino quién es él. Estará detrás de ti con los recursos que necesites para desempeñar la tarea que te ha encomendado, ya sea un nuevo empleo, un llamamiento especial al ministerio, o compartir el evangelio con tus compañeros de trabajo en la oficina. No te preocupes de quién eres; recuerda quién es Dios, el Grande que siempre está presente, que irá contigo mientras hagas lo que te ha llamado a hacer.

Cuando yo decía: Mi pie resbala, tu misericordia, oh Señor, me sustentaba. En la multitud de mis pensamientos dentro de mí, tus consolaciones alegraban mi alma.

SALMO 94.18-19 (RVR1960)

● ● ●

EL DIOS DE TODA CONSOLACIÓN

Consuelo. Es una palabra que me gusta escuchar. Conlleva un sonido tan tranquilizador. También es un término bíblico. En solo cinco versículos de un capítulo, 2 Corintios 1, la palabra «consuelo» aparece siete veces bajo alguna de sus formas.

Permíteme darte un ejemplo de 2 Corintios 1.3-4: «Alabado sea el Dios y Padre de nuestro Señor Jesucristo, Padre misericordioso y Dios de toda consolación, quien nos consuela en todas nuestras tribulaciones». ¡Qué hermoso! ¿Verdad?

La idea es mucho más que decir simplemente que

él nos consuela cuando estamos tristes o molestos. El profesor de Biblia G. Campbell Morgan escribe:

> *Es el grandioso pensamiento de la camaradería apuntalada, fortalecida, el estar al lado de, estar sostenido. Esa es la extraordinaria palabra, el poder sostenedor que viene de Dios.*[2]

Admitir que necesitas la ayuda de Dios no es una señal de debilidad. En realidad, sería necio intentar sobrellevar la vida sin él. Cuando esta va acumulando carga sobre nosotros, cuando nos enfrentamos al dolor y a la dificultad, necesitamos acudir a nuestro Consolador. El salmista escribió: No bien decía: «Mis pies resbalan», cuando ya tu amor, SEÑOR, venía en mi ayuda. Cuando en mí la angustia iba en aumento, tu consuelo llenaba mi alma de alegría (Sal 94.18-19).

Muchos años antes del nacimiento de Cristo, el profeta Isaías anunció que Dios lo enviaría a la tierra para «vendar a los quebrantados de corazón» (Is 61.1). ¿Necesitas que él vende hoy tu corazón roto? Él es el gran Consolador que vendrá junto a ti y caminará contigo en los días difíciles.

---

2. G. Campbell Morgan, *The Corinthian Letters of Paul* (Grand Rapids, MI: Fleming H. Revell Company, 1946), p. 227.

*Yo te instruiré, yo te mostraré
el camino que debes seguir; yo te
daré consejos y velaré por ti.*
SALMO 32.8

● ● ●

LOS SUAVES EMPUJONCITOS
DE DIOS

Mi papá solía contarles a las personas un incidente
que ocurrió cuando nuestra familia recorría una cierta
distancia en auto. Fue mucho antes de los cinturones
de seguridad, y yo estaba en el asiento delantero,
entre mis progenitores. Tenía unos cuatro años, e iba
silbando. Mi mamá tuvo un problema de oídos cuando
era niña, y un mero silbido agudo le producía dolor,
así es que me dio un pequeño codazo en el costado.

Mi padre dice que le miré de inmediato y, con
una sonrisa le comenté: «Papi, puedo interpretar los
empujones de mamá. Este quería decir que dejara de
silbar». Contaba que se rieron de esto, pero que a

medida que seguía conduciendo, pensó: *Amado Señor, desearía ser tan sensible a tus suaves empujones que no tuvieras que tratar conmigo de una forma más dura para que sepa lo que quieres que haga.*

Dios declara en el salmo 32.8: «Yo te instruiré, yo te mostraré el camino que debes seguir». Se puede tener un corazón tan sensible que Dios pueda comunicarnos su voluntad sin tener que poner un obstáculo mayor en nuestra senda para conseguir nuestra atención. Isaías afirma: «Ya sea que te desvíes a la derecha o a la izquierda, tus oídos percibirán a tus espaldas una voz que te dirá: "Éste es el camino; síguelo"» (Isaías 30.21.

¿Te ha estado Dios dando uno de sus suaves empujones? Si es así, ya sabes lo que quiere que hagas. Entonces, ¿por qué no te pones en marcha hoy?

*Este pobre clamó, y el SEÑOR le oyó
y lo libró de todas sus angustias.*

SALMO 34.6

• • •

LA CONVERSIÓN DE R. A. TORREY

Cuando R. A. Torrey era joven, no tenía fe en Dios ni en la Biblia. Su madre, una creyente ferviente, le rogaba que acudiera a Dios.

Un día le dijo: «No quiero volver a escucharte hablar sobre mis pecados y tus oraciones. Me voy». Su madre, entre lágrimas, le respondió: «Hijo mío, vas por el mal camino. Pero cuando llegue tu hora más oscura, si recurres al Dios de tu madre y lo buscas con todo tu corazón, obtendrás la ayuda que necesitas».

Torrey se fue hundiendo más y más en el pecado. Al final, una noche, hastiado de la vida, y agobiado por los problemas que se le venían encima, decidió: *Tomaré la pistola que tengo en el cajón y pondré fin a mi vida.*

Pero, entonces, las palabras de su madre volvieron de repente a su mente. Convicto de pecado, clamó con desesperación: «Oh Dios de mi madre, si de verdad existes, necesito ayuda. Necesito luz. Si me la quieres dar, te seguiré».

Las lágrimas rodaban por sus mejillas, y así fue como depositó su confianza en Cristo como su Salvador. El oscuro corazón de Torrey se inundó de la luz del amor de Dios. Luego se apresuró y fue a su casa para contarle a su madre que sus plegarías habían recibió contestación. Reuben A. Torrey se convirtió en un destacado evangelista y ayudó a ganar a millares para Cristo. Fundó el Instituto Bíblico de Los Ángeles, conocido en la actualidad como Universidad de Biola, una de las universidades cristianas más relevantes en los Estados Unidos.

Torrey aprendió la realidad de las Escrituras que dice: «Este pobre clamó, y el SEÑOR le oyó y lo libró de todas sus angustias» (Sal 34.6). El Dios que salvó a Torrey ¡también te salvará a ti!

¿A dónde podría alejarme de tu Espíritu?
¿A dónde podría huir de tu presencia?

SALMO 139.7
(LA HISTORIA COMPLETA EN: SALMO 139.7-12)

• • •

DONDEQUIERA QUE VAS, ALLÍ ESTÁS

«Dondequiera que vas, allí estás».

¡Qué dicho tan absurdo!, pensé. Es evidente que dondequiera que vas, allí estas. ¿En qué otro lugar podrías estar?

Pero después pensé en cómo intentan las personas escapar de sí mismas y de sus problemas. Se mudan a otro lugar, creyendo que allí todo será diferente. No tardan en descubrir los mismos viejos problemas: la adicción al alcohol, los problemas matrimoniales, estar demasiado ocupados. Y esto ocurre porque, cuando se trasladaron, los llevaron consigo. Es verdad: dondequiera que vas, allí estás.

Y luego está el intento supremo de escapar: el suicidio, pero esto no hace más que ponerte cara a cara

con la otra Persona de la que no tienes escapatoria:
Dios. David declaró:

> *¿A dónde podría alejarme de tu Espíritu?*
> *¿A dónde podría huir de tu presencia?*
> *Si subiera al cielo,*
> *allí estás tú;*
> *si tendiera mi lecho en el fondo del abismo,*
> *también estás allí.*
> *Si me elevara sobre las alas del alba,*
> *o me estableciera en los extremos del mar,*
> *aun allí tu mano me guiaría,*
> *¡me sostendría tu mano derecha!*
> *Y si dijera: «Que me oculten las tinieblas;*
> *que la luz se haga noche en torno mío»,*
> *ni las tinieblas serían oscuras para ti,*
> *y aun la noche sería clara como el día.*
> *¡Lo mismo son para ti las tinieblas que la luz!*

SALMO 139.7-12

Solo hay una forma de salir de este dilema: Ven a
Dios tal como estás. Confiesa tus defectos y tus fallos;
él pagó por tus pecados en la cruz y te ofrece el perdón.
«Justificados mediante la fe, tenemos paz con Dios por
medio de nuestro Señor Jesucristo» (Ro 5.1). La paz con
Dios también te aporta paz a ti. Puedes dejar de escapar.

*Así que no tengan miedo; ustedes
valen más que muchos gorriones.*

MATEO 10.31

(LA HISTORIA COMPLETA EN: MATEO 10.26-33)

• • •

APRENDER DE LOS GORRIONES

Cuando Jesús habló sobre el cuidado de Dios sobre los
pájaros, escogió al humilde gorrión para su ilustración.
Es una elección interesante, porque este pájaro es una de
las aves más corrientes sobre la tierra. Algunas personas
llegan a considerarlos una plaga.

Los gorriones viven casi exclusivamente entre
las personas. Según un estudio, allí donde crece
el número de familias, la población de gorriones
aumenta de manera proporcional. Construyen su nido
bajo los aleros de las casas, en las contraventanas, en
los agujeros de cualquier pared, o en lugares como los
parques, cercanos a donde viven las personas.

Desde los tiempos antiguos, los gorriones han
aparecido en el folclore, los cuentos de hadas y los

proverbios. Y es que por ser tan comunes, Jesús sabía que a lo largo de los siglos, se leerían sus palabras y se entenderían.

Él dijo: «¿No se venden dos gorriones por una monedita? Sin embargo, ni uno de ellos caerá a tierra sin que lo permita el Padre... Así que no tengan miedo; ustedes valen más que muchos gorriones» (Mt 10.29, 31). Es significativo que Jesús tomara nota de la muerte de estas avecillas, ya que no viven más que unos pocos años.

Y añadió: «Fíjense en las aves del cielo: no siembran ni cosechan ni almacenan en graneros; sin embargo, el Padre celestial las alimenta. ¿No valen ustedes mucho más que ellas?... Así que no se preocupen diciendo: "¿Qué comeremos?" o "¿Qué beberemos?" o "¿Con qué nos vestiremos?"... Más bien, busquen primeramente el reino de Dios y su justicia, y todas estas cosas les serán añadidas» (Mt 6.26, 31, 33). Si a él le importa el pequeño gorrión, imagínate cuánto más se preocupa por ti.

*Así que sométanse a Dios. Resistan
al diablo, y él huirá de ustedes.*

SANTIAGO 4.7

• • •

CUANDO NO QUIERES
HACER ALGUNA COSA

¿Qué ocurre cuando sabes que Dios quiere que hagas algo, pero a ti no te apetece llevarlo a cabo?

Pongamos que tienes una amiga que está enferma. Es *verdaderamente* una buena amiga tuya, pero cada vez que la llamas ella habla y habla y habla. Sabes que Dios quiere que la llames, pero, si lo haces, te tendrá al teléfono durante horas. ¿Cómo actúas?

1. ¿Recurres a las excusas? «Hoy no puedo llamarla. Si lo hago, no me quedará suficiente tiempo para leer la Biblia».

2. ¿Utilizas la lógica? «De todas formas es probable que esté tan enferma que ni siquiera tenga ganas de hablar conmigo».

3. ¿Lo aplazas? «Estoy demasiado cansada. Llamarla será lo primero que haga mañana por la mañana. De verdad que lo haré».

Piensa en un ámbito de tu vida en el que no quieres obedecerle a Dios. ¿Sabes una cosa? El diablo tampoco quiere que hagas lo que Dios te manda.

Si te está costando obedecerle a Dios, Santiago tiene la respuesta. Aconseja: «Así que sométanse a Dios. Resistan al diablo, y él huirá de ustedes» (Stg 4.7). Creemos erróneamente que Dios y el diablo son poderes equivalentes. No es así. Recuerda que Cristo ya lo ha derrotado. Está sentenciado y en espera de la ejecución. Si eres creyente en Jesucristo, Dios vive en ti. Tendrás el poder de resistir a Satanás y la promesa de que este huirá.

Cuando no quieras hacer algo que sabes que deberías hacer, ponte firme contra el diablo y luego sométete a Dios. Cuando lo hagas hallarás el poder de realizar esa cosa tan difícil que él te está pidiendo.

*Vuélvete a tu casa, y cuenta todo
lo que Dios ha hecho por ti.*

Lucas 8
(La historia completa en: Lucas 8.26-39)

• • •

Cuenta cuán grandes cosas
ha hecho Dios contigo

Después de cruzar el mar de Galilea, Jesús desembarcó en la orilla y, de inmediato, se vio confrontado por un hombre endemoniado. La Biblia nos dice: «Hacía mucho tiempo que este hombre no se vestía; tampoco vivía en una casa sino en los sepulcros» (Lc 8.27). Los habitantes del lugar habían intentado encadenarlo y mantenerlo bajo vigilancia, pero siempre rompía las cadenas y se escapaba.

En resumen, Jesús expulsó a los demonios de aquel hombre. Los lugareños lo encontraron sentado a los pies de Jesús, vestido y muy tranquilo, en su sano juicio y rogándole a Jesús que lo dejara ir con él. «No

—le respondió Jesús—. Vuélvete a tu casa, y cuenta todo lo que Dios ha hecho por ti» (Lc 8.39).

Por un momento me gustaría haber podido sentarme a su mesa aquella noche y escucharle narrar todos los detalles de la historia.

Piensa en cuánto ha hecho Dios por ti. ¿Has compartido todos los pormenores con tu familia recientemente? Cuéntales cómo Dios te protegió cuando casi tienes un accidente en un momento de tráfico intenso. Relátales quizá cómo suplió la apurada necesidad económica que tanto te había estado preocupando o la forma en que respondió a una petición por la que llevabas semanas orando. O cómo, al final, tuviste la oportunidad de compartir a Cristo con tu jefe en el trabajo.

¿Por qué no *regresas* esta noche «a tu casa y [cuentas] cuán grandes cosas ha hecho Dios contigo»? No te guardes las buenas nuevas para ti sola. Compártelas con tu familia. La bendecirás y darás gloria a Dios por su inmenso poder.

Llamarás, y el Señor responderá; pedirás
ayuda, y él dirá: «¡Aquí estoy!».

ISAÍAS 58.

(LA HISTORIA COMPLETA EN: ISAÍAS 58.6-11)

• • •

PERSPECTIVA

Por un momento, haz como si fueras Dios y estuvieras escuchando estas oraciones:

«¡Oh Señor, ayuda a Danny para que sea el mayor anotador en el partido de baloncesto de esta noche para que pueda conseguir el trofeo MVP!».

¡Qué contraste con esta otra!: «Oh Señor, envíanos dinero para que Danny pueda ir a la escuela».

O una familia ora: «Por favor, Señor, ¡danos un tiempo soleado para nuestro crucero!», mientras que la súplica de otra es: «Señor, te rogamos que envíes lluvia para salvar nuestras cosechas».

«Por favor, Dios, ayúdame a perder peso para que pueda ponerme ese vestido tan hermoso para la fiesta», es la oración de una joven madre, mientras que otra ruega: «Por favor, Señor, envíanos comida para que pueda alimentar a mi familia».

Si tú fueras Dios, no resulta difícil imaginar qué oraciones contestarías primero, ¿no es así? Sin embargo, ¿está mal pedir buen tiempo para tus vacaciones o para tener una carrera de éxito? No, claro que no. No obstante, cuando somos un poco exigentes con Dios y nos decepcionamos cuando él no nos concede todo el lujo que queremos, ha llegado el momento de volver a poner tu vida en perspectiva.

En la Biblia se nos dice que oremos por todo, y yo creo que significa exactamente eso, *por todo*. Pero no confundas esto con pensar que *necesitamos* todo lo que pedimos. Creo que Dios debe sacudir a veces la cabeza y sonreír cuando escucha todo lo que, según opinamos, son nuestras necesidades.

De modo que sigue adelante y ora por todo... absolutamente por todo. Pero recuerda que lo que Dios ha prometido suplir, si somos obedientes a él, son nuestras verdaderas necesidades. La Biblia afirma: «El Señor te pastoreará siempre, y en las sequías saciará tu alma» (Is 58.11; RVR1960).

*Por la fe la prostituta Rajab no
murió junto con los desobedientes, pues
había recibido en paz a los espías.*

HEBREOS 11.31

(LA HISTORIA COMPLETA EN: HEBREOS 11.1-40)

• • •

MUJER DE FE

La Biblia tiene su propio «Bulevar de la fama».
Hebreos 11. Es una lista de personas famosas por
creer y confiar en Dios. Uno espera encontrar en ella a
Abraham y a Moisés, pero podría sorprenderse al ver
el nombre de una mujer que no fue precisamente la
presidenta del Comité de Vida Espiritual de su iglesia.
En realidad era una prostituta. Se llamaba Rajab.

Es evidente que Rajab no ingresó en la lista por
su pureza, ¿pero quién de nosotros podría? La historia
es la siguiente: Josué envió a dos espías a Jericó para
que valoraran la ciudad antes del ataque. Es probable
que, para no levantar sospechas, los hombres fueran a
casa de Rajab. Pero la noticia se filtró y llegó hasta el

rey que le exigió a esta que entregara a los espías. Ella admitió que habían estado en su casa, pero indicó que ya habían huido. En realidad ella los había escondido debajo de unos montones de lino en el tejado.

Aquella noche, Rajab dijo a los hombres de Josué: «Sé que el Señor os ha dado esta tierra, porque el Señor vuestro Dios es Dios arriba en los cielos y abajo en la tierra» (Jos 2.9, 11). Luego les pidió con valentía que ella y su familia fueran protejidas cuando los israelitas atacaran. Y, por supuesto, «Por la fe la prostituta Rajab no murió junto con los desobedientes, pues había recibido en paz a los espías» (He 11.31). Rajab tuvo una fe que le proporcionó un valor atrevido y le hizo ganar un lugar entre los famosos que creyeron en Dios.

La fama de Rajab no acaba aquí. Su tataranieto fue el rey David, lo que la sitúa en el linaje de Jesús mismo (Mt 1.5-6). ¡Esto sí que es un honor!

No, no tienes que ser «perfecta» para que Dios te use... solo tienes que estar deseosa y dispuesta.

*Esto es, para ser mutuamente confortados por
la fe que nos es común a vosotros y a mí.*
ROMANOS 1.12; RVR1960

• • •

ALENTARSE LOS UNOS A LOS OTROS

A veces creo que no nos damos del todo cuenta de lo
mucho que nos alentamos los unos a los otros cuando
compartimos las cosas buenas que Dios ha hecho en
nuestras vidas. Por un momento me gustaría recibir
una llamada telefónica o un correo electrónico que me
dijera cómo Dios ha suplido la necesidad en la vida
de un amigo o la forma en que ha respondido a una
oración. Esto me alienta a seguir orando hasta que
él haga lo mismo en mi propio caso. Pablo les habló
a los cristianos de Roma sobre «Ser mutuamente
confortados por la fe... común» (Ro 1.12).

Resulta especialmente bueno conversar con
nuestras familias sobre lo que el Señor ha hecho.
Moisés le dijo al pueblo: «Por tanto, guárdate, y guarda
tu alma con diligencia, para que no te olvides de las

cosas que tus ojos han visto, ni se aparten de tu corazón todos los días de tu vida; antes bien, las enseñarás a tus hijos, y a los hijos de tus hijos» (Dt 4.9).

Creo que algunas veces titubeamos a la hora de hablar de lo que Dios ha hecho en nuestra vida, porque tememos que las personas piensen que intentamos impresionarlas con lo espirituales que somos. No permitas que estos temores te detengan. Sabes que, en tu caminar con Dios, es un gran estímulo cuando alguien comparte contigo, de modo que no dudes y devuelve el favor.

Salmo 126.3 declara: «Grandes cosas ha hecho el Señor con nosotros; estaremos alegres». Busca hoy a alguien que necesite aliento. Háblale de la gran bondad del Señor. Creo que descubrirás, como dice Romanos 1.12, que seréis «mutuamente confortados por la fe».

Prueben y vean que el Señor es bueno;
dichosos los que en él se refugian.

SALMO 34.8

• • •

LOS DESAFÍOS DE LA ENFERMEDAD

Un cartel en la pared del hospital lo explica bien:

El cáncer es tan limitado...
No puede paralizar el amor.
No puede destrozar la esperanza.
No puede corroer la fe... destruir la paz...
[ni] matar las amistades.
No puede suprimir los recuerdos... silenciar
el valor... [ni] invadir el alma.
No puede robar la vida eterna.
No puede vencer al espíritu.

Mi amiga Louise está luchando contra el cáncer.
Cada tres semanas le dan quimioterapia durante todo
un día, y eso la deja muy débil.

Sí, se desalienta. La insensibilidad de los dedos
de las manos y de los pies que acompaña a este

tratamiento es ciertamente agotadora. Siendo, como es, alguien a quien no le gusta perder el tiempo, le resulta duro cuando no tiene energía para hacer todo aquello que quiere realizar.

Pero Louise cree en Jesús. El Espíritu de Dios en su vida se manifiesta por medio del amor, la fe, la esperanza, la paz, la amistad, el valor y un espíritu vencedor. No pierde tiempo en preguntas como: «¿Por qué me está ocurriendo esto a mí?», sino que afirma:

> *¡Sé quien sostiene mi futuro y quién sujeta mi mano hoy! ¡Alabo a Dios por la maravillosa paz que me da en lo profundo de mi ser y por su extraordinario pueblo que camina a mi lado y me alienta cuando mi cuerpo se cansa! Mientras ando por el valle de sombra de muerte, sé que no es más que una sombra, porque la realidad del Cristo vivo está conmigo, y su gozo es mi fortaleza.*

Y enseguida añade, haciéndose eco del salmo 34.8: «Sugiero que gustes y veas lo bueno que es el Señor». Es un consejo sumamente significativo viniendo de alguien que habla desde la experiencia.

*Porque él es nuestro Dios y
nosotros el pueblo de su prado; ¡somos
un rebaño bajo su cuidado!*

SALMO 95.7

• • •

¿No tienes cuidado?

Sobre el mar de Galilea, el cielo ya estaba oscuro cuando
llegó la borrasca. Las olas empezaron a estrellarse contra
el barco, de manera que casi lo inundan. Mientras
todo esto sucedía, Jesús dormía sobre un almohadón
en la popa de la nave. Los discípulos lo despertaron,
gritando por encima de los aullidos del viento:
«Maestro, ¿no tienes cuidado que perecemos?». Jesús,
«levantándose... dijo al mar: "¡Calla, enmudece!"... y se
hizo grande bonanza» (Mr 4.38-39).

¿Acaso no se preocupó Jesús por los discípulos
cuando rugía la tormenta? Por supuesto que sí. Lo que
ocurre es que él sabía perfectamente que llegarían a
la otra orilla sanos y salvos. Pero los discípulos no se

sintieron en paz y confiados en que todo iría bien hasta que tuvieron prueba de ello.

Nosotros, igual que los discípulos, preguntamos: «¿Señor, no tienes cuidado?». En otras palabras: «¿No vas a hacer nada por mi difícil situación?». Pronunciamos esta frase cuando nos vemos en unas circunstancias en las que no vemos ninguna explicación lógica. ¿Y cuál es la respuesta? Sí, a Dios le importa. El salmo 95 declara: «Porque él es nuestro Dios; nosotros el pueblo de su prado, y ovejas de su mano» (95.7).

Si estás en una tormenta que parece querer abrumarte, o si te sientes frustrada porque trabajas duro y a nadie le importa, o si debes el alquiler y no hay forma de pagarlo, toma conciencia de que Dios lo ve y le importa. Jesús te dirige estas palabras: «¡Calla! ¡Enmudece!».

«[Echad] toda vuestra ansiedad sobre él, porque él tiene cuidado de vosotros» (1 P 5.7). Aguanta un poquito más. Más tarde comprenderás cuán grande es su preocupación por ti.

El que esté dispuesto a hacer la voluntad de Dios, reconocerá si mi enseñanza proviene de Dios, o si yo hablo por mi propia cuenta.

JUAN 7.17

• • •

CÓMO SABER

Los cuatro primeros libros del Nuevo Testamento contienen páginas y páginas de las enseñanzas de Jesús. ¿Quieres saber si todo lo que afirmó es verdad? Él mismo nos dijo cómo descubrirlo. En Juan, el cuarto libro del Nuevo Testamento declaró: «El que quiera hacer la voluntad de Dios, conocerá si la doctrina es de Dios, o si yo hablo por mi propia cuenta» (Jn 7.17).

¿A que suena fácil? Si escoges hacer la voluntad de Dios sabrás si lo que Jesús dice procede verdaderamente de Dios. Tal vez hayas oído decir que la Biblia es un buen libro. Hasta es posible que hayas leído alguna parte de ella. Pero quizá te preguntes si lo que afirma es verdad. Si es así, pregúntate esto: «¿De verdad quiero hacer la voluntad de Dios?».

Si esta es tu actitud, toma una Biblia, siéntate y ábrela por el principio de Juan y comienza a leer. Mientras lo haces, ten en mente que estás buscando la verdad y Jesús mismo se revelará a través de su Palabra. Él aseveró que cuando eliges hacer su voluntad, sabrás si lo que declaró es verdad o no.

El hermano Yun, un famoso pastor chino, al que se le solía llamar "El hombre celestial" dijo: «Nunca podrás conocer en verdad las Escrituras hasta que estés dispuesto a dejarte cambiar por ellas». Teniendo esto en mente, pregúntate: «¿Estoy dispuesta?». Si es así, estás a punto de embarcarte en la aventura más extraordinaria de tu existencia.

Vino un viento recio, tan violento que partió las montañas e hizo añicos las rocas; pero el Señor no estaba en el viento. Al viento lo siguió un terremoto, pero el Señor tampoco estaba en el terremoto. Tras el terremoto vino un fuego, pero el Señor tampoco estaba en el fuego. Y después del fuego vino un suave murmullo.

1 REYES 19.11-12

(LA HISTORIA COMPLETA EN: 1 REYES 19.1-18)

• • •

UN AYUNO DE RUIDO

Aunque la Biblia no lo ordene de forma directa, contiene numerosas menciones del ayuno, incluida la indicación de Jesús de no hacerlo de forma a atraer la atención de las personas.

Pero el autor doctor Terry Teykl recomienda un ayuno que nos haría mucho bien. No es una abstención de comida, sino de ruido. ¿No te parece una idea interesante? Escribe lo siguiente:

Decide embarcar en una especie de ayuno,
abandonando el ruido y la actividad innecesarios.
Di para tus adentros: «Acepto la soledad».[3]

En algún momento de hoy, detente lo suficiente como para escuchar lo que sucede a tu alrededor. Puedes escuchar voces, el tráfico, una radio o una televisión, posiblemente el sonido de alguna maquinaria en funcionamiento. Cada día estamos rodeados de ruido sin fin.

Sin embargo, si apartas algún tiempo para estar en soledad, tranquila, descubrirás una nueva conciencia de la presencia de Dios. También hallarás nuevas fuerzas, porque Isaías 30.15 declara: «En quietud y en confianza será vuestra fuerza».

No obstante, existe una forma segura de fomentar la ausencia de Dios, escribe C. S. Lewis: «Evita el silencio... Concéntrate en el dinero, el sexo, la posición, la salud y (sobre todo) en tus aflicciones. Mantén la radio encendida. Vive en medio de una multitud».[4]

En esta vida hay un montón de cosas que

3. Dr. Terry Teykl, *The Lighthouse Devotional* (Sisters, OR: Multnomah Publishers, 2000), p. 220.
4. C. S. Lewis, «*The Seeing Eye*», en Lewis: Christian Reflections, ed. Walter Hooper (Grand Rapids, MI: Eerdmans, 1975), pp. 168-169.

ahogarían la voz de Dios. Si estás experimentando este problema, considera hacer un ayuno de ruido aunque solo sea por treinta minutos. Si es necesario, usa tapones para los oídos. Luego, escucha la voz delicada y apacible de Dios. En 1 Reyes 19 se nos dice que, a veces, él nos habla en un suave susurro.

*Así que, ofrezcamos continuamente a
Dios... un sacrificio de alabanza.*
HEBREOS 13.15

• • •

CUANDO LLEGAN LAS NUBES
DE LA DEPRESIÓN

Algunas partes de la Biblia son fáciles de leer,
aunque difíciles de poner en práctica. Toma, por
ejemplo, Hebreos 13.15-16: «Así que, ofrezcamos
continuamente a Dios, por medio de Jesucristo, un
sacrificio de alabanza, es decir, el fruto de los labios
que confiesan su nombre. Y de hacer bien y de la ayuda
mutua no os olvidéis; porque de tales sacrificios se
agrada Dios».

Obedecer estas instrucciones resulta fácil
cuando estoy de buen humor y todo va bien. Sí,
alabar a Dios y hacer el bien a otros es un gozo
cuando el sol brilla. Pero, cuando estoy deprimida,
me olvido de loar al Señor y no puedo pensar en las

necesidades de los demás ni tampoco me apetece realmente compartir nada.

¿Qué ocurriría si una persona deprimida siguiera estas tres instrucciones de la Biblia?

1. Alabar continuamente al Señor
2. Hacer buenas obras
3. Compartir con otros

Estarás pensando: *No es posible que una persona clínicamente deprimida realice estas cosas,* y tal vez tengas razón. Pero cuando la mayoría de nosotros nos deprimimos, *podríamos* hacer algo al respecto si quisiéramos. Estamos deprimidas y no alabamos a Dios, porque no nos gustan nuestras circunstancias; estamos demasiado centradas en lo que nos ocurre a nosotros.

Sin embargo, cuando alabo al Señor, mi ánimo se aligera. Cuando hago algo amable, yo misma recibo bendición. Compartir me saca de mi egocentrismo.

Empieza por ofrecer un sacrificio de alabanza al Señor en este mismo momento, te apetezca o no. Los pasos 2 y 3 —las buenas obras y el compartir— te resultarán mucho más fáciles.

24

¿Acaso Dios no hará justicia a sus
escogidos, que claman a él día y noche?
¿Se tardará mucho en responderles?

LUCAS 18.7

(LA HISTORIA COMPLETA EN: LUCAS 18.1-8)

• • •

¿POSIBLE O IMPOSIBLE?

¿Qué te parecen las circunstancias difíciles con las que estás tratando justo en estos momentos? ¿Insuperables o una oportunidad de que Dios haga lo imposible?

Es sorprendente la diferencia que la actitud puede suponer. Desde hace años, mi esposo tiene un cartel en su oficina que dice: «No me digas que no se puede hacer. Dime cómo lo haremos». En ocasiones, lo que tenemos que hacer es apartar los ojos de las dificultades y centrarnos en lo que podemos hacer para mejorar la situación.

Pero, la mayoría de las veces, necesitamos algo más.

William Carey sabía que precisaba algo más. A lo

largo de sus cuarenta y un años de obra en la India, se enfrentó a innumerables obstáculos insuperables. Pero siguió adelante. Declaró: «Uno no ha probado los recursos de Dios hasta que intenta lo imposible». Me gusta esto, porque desafía mi fe. Si quieres reforzar tu propia fe, lee su biografía y descubrirás que demostró, por medio de su vida, que Dios puede hacer lo imposible. Hoy, a Carey se le conoce como el «padre de las misiones modernas».

En este mismo instante, cuando ores por una situación abrumadora a la que te estés enfrentando, no te preocupes por estar pidiendo demasiado. Eleva grandes oraciones, porque tenemos a un Dios grande, uno que de verdad hace lo imposible.

25

*Miráis las cosas según la apariencia.
Si alguno está persuadido en sí mismo
que es de Cristo, esto también piense por
sí mismo, que como él es de Cristo, así
también nosotros somos de Cristo.*

2 Corintios 10.7; rvr1960

• • •

VENCER AL DESALIENTO

¿Te suena este escenario? Parece que todo ha ido mal últimamente. Tu trabajo se tambalea, tu salud no está nada bien, tu familia tiene problemas y tus finanzas, bueno, digamos que tu cuenta bancaria sufre de anemia aguda. Puedes relacionarte con la persona que oró: «Señor, si hay más problemas por llegar, ¡envíalos ahora que estoy acostumbrada a ellos!».[5]

¿Qué te dicen tus circunstancias? Que no hay esperanza, ¿verdad? Pero el apóstol Pablo declaró: «Miráis las cosas según las apariencias» (2 Co 10.7).

---

5. Ray Pritchard, *The Healing Power of Forgiveness* (Eugene, OR: Harvest House Publishers, 2005).

¿Qué quieres decir, Pablo? Los hechos están muy claros: ¡me hallo en grandes dificultades!

Sí, lo estás, y te sientes desalentada. No obstante, es posible que estés pasando por alto el arma que Dios te ha dado para luchar contra el desaliento. Es la espada del Espíritu, es decir, la Palabra de Dios (Ef 6.17).

En ocasiones nos desanimamos tanto que ya no nos apoderamos de las promesas divinas. Cuando Moisés les dijo a los israelitas que Dios los iba a liberar de la esclavitud egipcia, «ellos no escuchaban... a causa de la congoja de espíritu» (Éx 6.9). Cuando estamos deprimidas no escuchamos a Dios que nos susurra promesas de ayuda.

Pero las promesas divinas son ciertas, independientemente de cómo nos sintamos. «El Señor va delante de ti; él estará contigo, no te dejará, ni te desamparará; no temas ni te intimides» (Dt 31.8).

Las promesas de Dios son las armas que él nos ha dado para luchar contra el abatimiento y renovar la esperanza. Búscalas en las Escrituras. Establece hoy tu mente, por fe, en sus promesas. Dios se encontrará contigo.

26

*Porque lo dice el excelso y sublime, el
que vive para siempre, cuyo nombre es
santo: «Yo habito en un lugar santo
y sublime, pero también con el contrito
y humilde de espíritu, para reanimar
el espíritu de los humildes y alentar
el corazón de los quebrantados».*

ISAÍAS 57.15

• • •

¿SE SIENTE DIOS CÓMODO EN TUS PENSAMIENTOS?

A. W. Tozer era un maestro de la Biblia del siglo
pasado. Profundo pensador cuyos libros desafían
a los expositores más experimentados de la Biblia,
Tozer expresaba, sin embargo, sus pensamientos de
forma práctica.

Siempre era intensamente consciente de la
santidad de Dios. Isaías 57.15 tuvo un enorme
impacto en él: «Porque así dijo el Alto y Sublime,

el que habita la eternidad, y cuyo nombre es el Santo: "Yo habito en la altura y la santidad, y con el quebrantado y humilde de espíritu"».

Tozer escribió:

Dios me ha estado diciendo: «Yo moro en tus pensamientos. Conviértelos en un santuario donde yo pueda vivir».[6]

Si comparas tu vida a una catedral, tu teología es el fundamento, explica Tozer, pero tus pensamientos son el alto campanario. Asegúrate de que sean un lugar donde Dios pueda sentirse cómodo.

Tener pensamientos que hacen que Dios se sienta a gusto es un concepto relevante, y práctico. Somos lo que pensamos. Si lo que pensamos le agrada al Señor, lo mismo ocurrirá con nuestra vida.

¿Significa esto, pues, que *siempre* deberíamos estar teniendo pensamientos elevados sobre Dios? La respuesta es, claramente, «no». Isaías nos dice que Dios vive en un lugar alto y santo, el campanario, por así decirlo, pero también «con en el quebrantado y humilde de espíritu». La actitud humilde de sencilla dependencia en nuestro santo

6. A. W. Tozer, *Tozer on Worship and Entertainment*, recopilado por James L. Snyder (Camp Hill, PA: Christian Publications, 1998), pp. 10-11.

Dios nos mantiene en comunión con él a lo largo de las horas corrientes de nuestro día.

Dale la bienvenida a Dios al campanario de tu vida.

27

*Aun los cabellos de su cabeza están
contados. No tengan miedo; ustedes
valen más que muchos gorriones.*

LUCAS 12.7

• • •

LAS JUDÍAS DE NUESTRO DEPÓSITO

Siempre me sorprende recordar que Jesús dijo:
«Pues aun los cabellos de vuestra cabeza están todos
contados» (Lc 12.7). Mi amiga LuAnne aprendió
que los cabellos no son lo único de lo que Dios hace
un seguimiento. Recientemente recibí esta urgente
petición de oración de su parte:

> Mi esposo, Bill, acaba de entrar y se sentía muy
> consternado. Tenemos un depósito para grano
> que contiene judías de soja por valor de sesenta
> mil dólares. Ha descubierto que había habido
> una gotera y que toda la capa superior está
> podrida. Desconoce hasta qué profundidad ha
> llegado, pero la cosa pinta mal. El beneficio de

*estas judías es lo que usaremos para plantar
nuestro cultivo el año próximo. Si las perdemos,
tendremos que dejar de cultivar. Mañana
conseguirá a dos hombres que entren en el
depósito y saquen con palas las judías podridas.*

A la mañana siguiente recibí un segundo correo
electrónico de ella:

*Muchas gracias por elevar nuestras
necesidades al Señor. En cuanto a la pérdida,
es de varios centenares de fanegas, y cuando
vendamos el resto se descontarán. Ahora
esperamos a ver lo que dice el comprador.*

Tres días después, volví a tener noticias de LuAnne:

*Hoy hemos llevado la primera carga de judías
al mercado. Las compraron a su precio normal.
Esperábamos que tuvieran un poco de moho, pero
no fue así. Desde luego ha sido un milagro que
solo el Señor ha podido hacer. No solo conocer
el número de cabellos de nuestra cabeza, sino
también las judías que hay en nuestro depósito.*

Sí, Dios lleva la cuenta de cabellos y judías, y
también de las cuentas bancarias. ¡Puedes confiar en él
para que lleve el registro de todo lo que te importa!

28

*Continuamos con la reconstrucción y
levantamos la muralla hasta media altura,
pues el pueblo trabajó con entusiasmo.*

NEHEMÍAS 4.6

(LA HISTORIA COMPLETA EN: NEHEMÍAS 2—3)

• • •

ACABAR EL TRABAJO

En el siglo V A.C., los muros de Jerusalén estaban en
ruinas. Tan derrumbados estaban que la ciudad no
tenía protección alguna. Pero bajo las órdenes de
Nehemías, el pueblo recibió el desafío de hacer algo
para solucionar el problema.

Si el proyecto se llevara a cabo en la
actualidad, se emplearía a un contratista y albañiles
profesionales. Pero Nehemías no tenía esa opción
en su época. La única forma de reconstruir el muro
sería que un amplio número de personas en buena
condición física arrimaran el hombro. La obra
requería, asimismo, a lugareños de las zonas vecinas,
no solo a los residentes de Jerusalén, sino también a

ciudadanos de las ciudades circundantes como Jericó, Tecoa, Gabaón y Mizpa.

¡Qué grupo tan interesante de obreros de todas las profesiones de la vida! Unos eran comerciantes, otros gobernantes, y algunos sacerdotes que, por lo general, trabajaban en el templo. Dos de las personas más inverosímiles eran Uziel, un platero, y Hananías, un perfumista. Y los hombres no fueron los únicos que ayudaron. Salum reparó una sección con la ayuda de sus hijas.

En tan solo cincuenta y dos días, la obra se terminó, a pesar de las críticas, la burla y la interferencia, y hasta la amenaza de muerte contra Nehemías. Este le dio el crédito a Dios por su ayuda y a los que participaron, ya que en sus propias palabras: «El pueblo tuvo ánimo para trabajar» (Neh 4.6).

Desconozco qué trabajo ha de hacerse donde tú vives, pero si necesitas un manual de formación sobre cómo llevarlo a cabo, lee el libro de Nehemías.

29

Háganlo todo sin quejas ni contiendas.
FILIPENSES 2.14

· · ·

INTENTA ESTO DURANTE
UNA SEMANA

Tan solo seis palabras... ¡pero son poderosas!

Son estas: «Haced todo sin murmuraciones y contiendas» (Fil 2.14).

Seis palabras sencillas de entender, ¡pero tan difíciles de cumplir! Si no estás de acuerdo, te desafío a que las pongas en práctica solo durante el día de hoy:

1. No te quejes por nada

2. No contiendas sobre nada

¿Cuánto crees que avanzará el día antes de que suspendas el reto? ¿Puedes acabarte el desayuno sin quejarte ni discutir? Para algunas de nosotras las quejas empiezan temprano. Por la mañana, al escuchar el sonido del despertador, surge la objeción por tenernos que levantar.

Ahora bien, si al menos el apóstol Pablo no

hubiera incluido la palabra «todo». Hacerlo *todo* sin protesta ni discusión resulta duro. Algunas situaciones piden sencillamente que una se queje y contienda; quiero reservarme el derecho bajo ciertas condiciones.

Pero piensa por un momento, qué ocurriría si nos tomáramos este versículo en serio en nuestras relaciones. ¡Qué paz tendría nuestra familia si no discutiéramos! Siéntate con ella y muéstrale este versículo. Intenta que todos estén de acuerdo en practicarlo durante una semana. Hasta puedes hacer una norma que diga que aquel que se queje o discuta tendrá que poner dinero en un fondo para comprar helado para toda la familia al final de la semana. ¡Te puede sorprender la diferencia que este versículo producirá!

30

Como palmeras florecen los justos; como cedros del Líbano crecen. Plantados en la casa del SEÑOR, florecen en los atrios de nuestro Dios. Aun en su vejez, darán fruto; siempre estarán vigorosos y lozanos.

SALMO 92.12-14

• • •

LO QUE ESTÁ POR VENIR

¿Has notado lo rápido que parecen llegar los cumpleaños año tras año? Eso significa que si vivimos lo suficiente, cada una de nosotras se irá haciendo mayor. A mí, personalmente, me gustaría aprovechar lo mejor posible esos años dorados. Espero que lo que dice el salmo 92 sea verdad en mi vida:

Como palmeras florecen los justos;
como cedros del Líbano crecen.
Plantados en la casa del SEÑOR,
florecen en los atrios de nuestro Dios.
Aun en su vejez, darán fruto;

siempre estarán vigorosos y lozanos.

Estarán vigorosos y verdes. Aun en la vejez fructificarán. ¡Esa es la forma de vivir! Sin preocuparse de las arrugas, los achaques y los dolores, sino radiantes con el deseo de vivir la vida a tope.

Es posible que nos estemos acercando a la edad dorada, pero eso no debería impedirnos establecer metas para el futuro. La versión de la Biblia *The Message* parafrasea las palabras de Pablo a los filipenses de este modo: «Amigos, no me malinterpreten: en modo alguno me considero un experto..., pero tengo el ojo puesto en la meta, desde la que Dios nos hace señas de seguir adelante, hasta llegar a Jesús. Me he puesto en marcha y voy corriendo, sin volver atrás» (Fil 3.13-14).

En los Alpes suizos, a gran altura, existe un monumento erigido en honor a un guía montañero que murió intentando rescatar a un turista atrapado. El mensaje inscrito en la piedra decía: «Murió escalando». Este es el lema que me gustaría dejar atrás cuando acabe mi tiempo en la tierra. Por ello, ya he salido y voy corriendo. Espero seguir llevando fruto cuando sea mayor y permanecer fresca y verde.

31

Le respondió Simón Pedro: Señor, ¿a quién iremos? Tú tienes palabras de vida eterna.

JUAN 6.68; RVR1960

• • •

LAS COSAS MALAS OCURREN

Dios podía haberlo evitado; *¿por qué no lo hizo? Él puede cambiar cualquier circunstancia a la que me enfrente.*

¿Has tenido alguna vez pensamientos como estos? Si eres sincera tendrás que admitir que sí. No te gusta lo que Dios está permitiendo en tu vida. ¿Cuáles son, pues, tus opciones?

Tienes dos elecciones: apartarte de Dios y amargarte, o acudir a él y confiar en él aunque no entiendas por qué estás sufriendo.

Es más que evidente que la opción n° 1 —apartarse de Dios y amargarse— no es una buena alternativa. Esto nos deja con la n° 2: acudir a él. Cuando escoges confiar en Dios, abandonas el atenerte a cualquier razón lógica de lo que está sucediendo.

Sencillamente declaras: «Dios, voy a confiar en ti y en nadie más. Te pido que resuelvas este problema. Pero si no lo haces, confiaré en ti de todos modos».

Como los tres israelitas del libro de Daniel que fueron echados al horno de fuego, dices: «Si somos echados en el horno ardiente, el Dios a quien servimos puede librarnos de él. Y aunque no lo haga, no le volveremos la espalda» (Dn 3.17-18). Si crees que se quemaron, lee su historia.

Pongamos que tu decisión es que no puedes confiar en Dios. ¿De quién te fiarás? Cuando algunas de las multitudes se dieron la vuelta y dejaron de seguir a Jesús, porque no les gustaban sus enseñanzas, él les preguntó a los discípulos si ellos también querían marcharse. Pedro respondió: «Señor, ¿a quién iremos? Si tú tienes palabras de vida eterna» (Jn 6.68).

Cuando sucede el desastre, ¿a quién *irás*?

32

*Acordándonos sin cesar delante del Dios y
Padre nuestro de la obra de vuestra fe, del
trabajo de vuestro amor y de vuestra constancia
en la esperanza en nuestro Señor Jesucristo.*

1 TESALONICENSES 1.3; RVR1960

• • •

CUANDO NECESITAS RAZONES
PARA SEGUIR ADELANTE

A las cinco y media de la madrugada, nuestra hija
Nancy nos llamó pidiendo ayuda. El perro de la
familia había dejado de respirar. Como su esposo tenía
que marchar de inmediato al aeropuerto, quería saber
si mi marido podía sacar al perro de la casa antes de
que sus cuatro hijos se despertaran. Afortunadamente,
durante el tiempo que le llevó vestirse, el perro había
revivido. Pero, a la mañana siguiente, llegó una
nueva crisis: una mujer chocó directamente contra
el flamante coche de Nancy. El día después, su hija la
llamó desde la escuela porque sufría fuertes dolores

de estómago. Quería que la fuera a buscar. Fue una de esas semanas en las que Nancy quería tirar la toalla.

Los primeros cristianos tenían razones para abandonar. Se enfrentaron al sufrimiento, la persecución y constantes amenazas; con todo, siguieron adelante. ¿Cómo?

En 1 Tesalonicenses 3, Pablo habla de tres cualidades especiales que los cristianos deberían poseer: fe, amor y esperanza. Primero dice que la fe era la que producía el trabajo de ellos. Esto significa que hacían lo que hacían, creyendo que algún día todo haría una diferencia. Cuidar a los niños pequeños, ir al trabajo cada día, sacrificarse por otras personas, todo tiene que hacerse por fe.

A continuación, Pablo habla de «un trabajo impulsado por el amor». Yo pienso en las tareas como en un trabajo extremadamente difícil. Lo que mantenía a los creyentes primitivos en la brecha era que Jesús había hecho mucho por ellos; ningún sacrificio era demasiado grande si lo hacían para él.

La última cualidad es la esperanza, la esperanza del cielo. El autor Tim LaHaye afirma: «¡Para el creyente, esta vida es lo peor!». Pero podemos soportarla, porque tenemos un futuro con el Señor.

33

*El eterno Dios es tu refugio, y
acá abajo los brazos eternos.*
DEUTERONOMIO 33.27; RVR1960

• • •

ACÁ ABAJO LOS BRAZOS ETERNOS

Cuando el avión en el que viajo se encuentra con
turbulencias durante un vuelo, soy la candidata para el
premio "Gallina del aire". Sencillamente no me gusta
que me vapuleen. Pero he encontrado un versículo en
la Biblia que me ayuda muchísimo: «El eterno Dios es
tu refugio, y acá abajo los brazos eternos» (Dt 33.27).
Imaginar los grandes brazos divinos debajo del avión
que rebota calma mis emociones. Los brazos eternos de
Dios sostienen el avión del mismo modo que un padre
amoroso lleva en sus brazos a su hijo recién nacido.

Aunque los viajes por aire se encontraban a
miles de años en el futuro todavía cuando escribió
estas palabras, David nos dice que no hay lugar
donde podamos ir que no encontremos ya a Dios
allí. Explica: «Si subiere a los cielos, allí estás tú; y

si en el Seol hiciere mi estrado, he aquí, allí tú estás.
Si tomare las alas del alba y habitare en el extremo
del mar, aun allí me guiará tu mano, y me asirá tu
diestra» (Sal 139.8-10).

Tal vez no sea viajar en avión lo que te haga
sentir insegura. Puede ser que tu trabajo se tambalee.
O quizá le temas a ir al médico. O es posible que tu
matrimonio sea inestable.

Lee estos versículos. David dijo: «Aunque un
ejército acampe contra mí, no temerá mi corazón;
aunque contra mí se levante guerra, yo estaré confiado.
Porque él me esconderá en su tabernáculo en el día del
mal; me ocultará en lo reservado de su morada; sobre
una roca me pondrá en alto» (Sal 27.3, 5).

Recuerda, ¡Dios es nuestro refugio y estamos en
sus brazos eternos!

34

*Pues estoy convencido de que ni la muerte
ni la vida, ni los ángeles ni los demonios, ni
lo presente ni lo por venir, ni los poderes,
ni lo alto ni lo profundo, ni cosa alguna
en toda la creación, podrá apartarnos
del amor que Dios nos ha manifestado
en Cristo Jesús nuestro Señor.*

ROMANOS 8.38-39

● ● ●

ÉL ME AMA

Cuando la escritora Elizabeth Prentiss era una
adolescente, a principios del siglo XIX, estaba tan
disgustada con su carácter y su falta de dominio
propio que estaba segura que Dios no podría amarla
jamás. Le dijo a un amigo suyo que era ministro: «No
puedo ser buena durante dos minutos seguidos. Hago
todo lo que no quiero hacer y no consigo realizar
nada de lo que intento y por lo que oro».

El ministro le respondió, casi como hablando para

sí mismo: «Pobre criatura... Todo lo que dices puede ser verdad. Me atrevo a decir que lo es. Pero Dios te ama. Él te ama».

Luego añadió: «Vete a casa y repite para ti misma, una y otra vez: "soy una chica caprichosa y necia. ¡Pero él me ama! Le he desobedecido y le he afligido miles de veces. ¡Pero él me ama! He perdido la fe... No le amo; ¡incluso estoy enfadada con él! ¡Pero él me ama!"».

Ya en casa, Elizabeth se arrodilló para orar. Tal como ella misma lo cuenta: «Toda mi vida perdida, infantil, perversa vino y me miró fijamente a la cara. Yo le devolví la mirada y le dije con lágrimas de gozo: "¡Pero él me ama!"».

No hay nada que puedas hacer para impedir que Dios te ame. El apóstol Pablo escribió: «Estoy seguro de que ni la muerte, ni la vida, ni ángeles, ni principados, ni potestades, ni lo presente, ni lo por venir, ni lo alto, ni lo profundo, ni ninguna otra cosa creada nos podrá separar del amor de Dios, que es en Cristo Jesús Señor nuestro (Romanos 8.38-39).

Amiga, cuando te sientas tentada a desesperarte por la larga lista de tus defectos, independientemente de las equivocaciones cometidas, no olvides añadir: «¡Pero él me ama... de manera incondicional!».

35

*Una vez habló Dios; dos veces he oído
esto: que de Dios es el poder, y tuya,
oh Señor, es la misericordia; porque tú
pagas a cada uno conforme a su obra.*

SALMO 62.11-12; RVR1960

* * *

FUERTE Y AMOROSO

Cuando pensamos en las características masculinas y femeninas, solemos pensar en fuerte como algo propio de los varones y en el amor en el caso de las féminas. Esto es, por supuesto, una simplificación exagerada. Pero me resulta interesante que la Biblia afirme que Dios posee ambos rasgos. El salmo 62.11-12 declara: «Tú, oh Dios, eres fuerte... tú, oh Señor, eres amoroso».

Si Dios fuera solamente fuerte, podría asustarme de él. Soy muy consciente de que me puede mandar a la eternidad en una fracción de segundo. Si fuera solamente amoroso, pero no fuerte, tal vez no pudiera ayudarme. Me extendería su amor guiado por su compasión. Se sentiría triste por mí, pero ahí quedaría la cosa. Sin embargo, es el Padre ideal, fuerte y a la vez amoroso. Es lo suficientemente amoroso como para cuidar y fuerte para ayudar.

Me alienta leer versículos sobre la fuerza de Dios como: «¿Qué dios hay en el cielo ni en la tierra que haga obras y proezas como las tuyas?» (Dt 3.24), y «Tuyo es el brazo potente; fuerte es tu mano, exaltada tu diestra» (Sal 89.13).

Y me siento consolada cuando hallo versículos que me dicen que mi Dios fuerte también es amoroso: «A ti, fortaleza mía, vuelvo los ojos, pues tú, oh Dios, eres mi protector. Tú eres el Dios que me ama» (Sal 59.9-10; NVI).

¡Un Dios amoroso que es fuerte! Es exactamente lo que necesitamos. Tómate un momento ahora mismo y reconoce que él es lo suficientemente fuerte para ayudarte en la situación a la que te enfrentas hoy. Luego dale las gracias porque te ama y tú le importas. Como dijo el salmista: «Él es mi Dios amoroso, mi amparo» (Sal 144.2; NVI).

36

Conozco tus obras; sé que no eres frío ni caliente. ¡Ojalá fueras lo uno o lo otro!

APOCALIPSIS 3.15

(LA HISTORIA COMPLETA EN: Apocalipsis 3.14-22)

• • •

UNA IGLESIA FAMOSA

De las muchas iglesias conocidas del mundo, una se hizo célebre por todas las razones erróneas. El apóstol Juan nos habla de ella en Apocalipsis 3. Es la iglesia de Laodicea, situada en lo que hoy es Turquía.

Dios dice sobre su pueblo en aquella iglesia: «Yo conozco tus obras, que ni eres frío ni caliente. ¡Ojalá fueses frío o caliente! Pero por cuanto eres tibio, y no frío ni caliente, te vomitaré de mi boca» (vv. 15-16). ¡Qué palabras tan fuertes!

Lo peor era que aquellas personas no se daban cuenta de lo mal que estaban. Como tenían dinero, no creían necesitar nada más. La Biblia afirma: «No sabes que tú eres un desventurado, miserable, pobre, ciego y desnudo» (v. 17).

Muchos cristianos de hoy son como las personas de aquella iglesia. Su relación con Dios se ha vuelto distante. Ya no disfrutan de la sensación de la presencia de Dios ni de las cosas que le agradan a él. Con todo, Dios no tira la toalla con ellos. Sigue llamando a la puerta de su corazón: «Si alguno oye mi voz y abre la puerta, entraré a él, y cenaré con él, y él conmigo» (v. 20). En lugar de rechazarlos, quiere alimentarlos con su presencia. Les ofrece compañía, sabiendo que el fuego de sus corazones volverá a encenderse con la calidez de su amor.

Si te has entibiecido en tu relación con Dios, abre la puerta de tu corazón e invítalo a entrar. Escucha sus palabras en la Biblia y comparte tus pensamientos más profundos con él en oración. Él está llamando a la puerta de tu corazón ahora mismo.

37

*Mi Dios, pues, suplirá todo lo que
os falta conforme a sus riquezas
en gloria en Cristo Jesús.*
FILIPENSES 4.19; RVR1960

• • •

PATATAS

La Gran Depresión flotaba sobre los Estados Unidos
en la década de 1930, cuando mi padre aceptó el
pastorado de una pequeña iglesia, con un salario
semanal de tan solo diez dólares, apenas suficiente para
comprar alimentos y pagar el alquiler.

Un día, el señor Smith, un agricultor de la iglesia
entró marcha atrás con su pequeño camión blanco
de volquete en el jardín de mis padres y descargó
un saco de casi cincuenta kilos de patatas, diciendo:
«Cuando estas se acaben, háganmelo saber y traeré
otro saco».

¡Cincuenta kilos de patatas! Se sintieron como
millonarios. Se pueden hacer tantas cosas distintas

con las patatas: hervirlas, asarlas, freírlas, rellenarlas y mucho más. Ciertamente disfrutaron de aquellas patatas.

Pero, a medida que transcurrían las semanas, el número de patatas iba menguando dentro del saco. Mi padre recordaba el ofrecimiento del señor Smith de traer otro. Explicó que no sabía si era por orgullo o por obcecación, pero no podía ir a pedirle más patatas al señor Smith. Lo que sí hizo fue ponerse de rodillas y pedir a Dios que le dijera al señor Smith que necesitaban más patatas.

¿Sabes que en menos de dos semanas, el señor Smith descargó otro saco de cincuenta kilos de patatas? Quedaban exactamente dos patatas en el primer saco.

¡Qué asombroso pensar que tenían un Dios que los amaba tanto que hasta llevaba la cuenta del número de patatas que había en el saco! Él sabía cuándo y cómo suplir las necesidades de mis padres. Anímate, él también suplirá aquello que precisas. Como dijo el apóstol Pablo: «Mi Dios, pues, suplirá todo lo que os falta conforme a sus riquezas en gloria en Cristo Jesús» (Fil 4.19).

38

El fruto del justo es árbol de vida;
y el que gana almas es sabio.
PROVERBIOS 11; RVR1960

* * *

EL TRABAJO ES
DEMASIADO PEQUEÑO

Hace varios años, la junta de la compañía Standard Oil buscaba a un director para su nueva oficina en China. La persona tenía que hablar un chino fluido, ser un hombre o mujer de negocios cualificado/a, un líder nato, y estar por debajo de los treinta años. Tras gran deliberación, todavía no había nadie que cumpliera los requisitos.

Por fin, uno de los miembros de la junta habló: «Yo sí conozco a un hombre que encaja con este perfil. Tiene veintiocho años, se graduó con las mejores calificaciones de su clase, es un líder nato, habla un chino fluido y vive en China».

A la junta le interesó de inmediato y le encomendó

a este miembro que fuera al país asiático y le ofreciera el trabajo a aquel hombre. Se le dio instrucciones de que lo consiguiera a cualquier precio.

Tras cruzar casi medio mundo, el hombre le presentó la oportunidad a su amigo, ofreciéndole un buen salario. Pero su amigo, que era misionero, sacudió la cabeza: «No». El hombre fue subiendo varias veces el sueldo que le proponía, pero cada vez la respuesta era «¡No!».

«¿Cuánto *quieres,* pues?», le preguntó el miembro de la junta.

El misionero respondió: «Oh, el salario no está mal. Es espléndido, pero el trabajo es demasiado pequeño. Ahora tengo un pequeño sueldo, pero el trabajo es grande. Tú me estás ofreciendo mucho dinero, pero una tarea pequeña. Sería necio de dejar de ganar almas para el Señor para empezar a vender petróleo».

Esto sigue siendo cierto hoy, seas un misionero o una persona laica. En Proverbios 11, el rey Salomón que era sabio y rico, escribió: «El que gana almas es sabio» (Pr 11.30). Ganar almas para el Señor es el trabajo más importante del mundo.

39

*Nos salvó, no por obras de justicia
que nosotros hubiéramos hecho,
sino por su misericordia.*

(TITO 3.5; RVR1960)

• • •

¿SALVA POR LAS BUENAS OBRAS O POR LA MISERICORDIA DE DIOS?

Mi abuelo era hijo de un ministro episcopal.
Aunque criado en un entorno estricto, jamás tuvo
una verdadera relación con Jesucristo. De hecho,
había decidido disfrutar de la vida cuando dejara
la casa de sus padres. Pero cuando lo hizo, no halló
ninguna satisfacción real, de modo que regresó a
la iglesia. Era viajante de comercio y esto lo llevó a
unirse a los gedeones, esa excelente organización de
hombres de negocio cristiana que coloca Biblias en las
habitaciones de los hoteles de todo el mundo.

El abuelo hizo un viaje para recoger el donativo
anual que un tal señor Noble solía hacer para los

gedeones. Tras entregarle el cheque, este anciano caballero le preguntó: «¿Es usted salvo?». Mi abuelo le respondió: «Estoy haciendo todo lo que puedo, y espero ir al cielo».

El caballero de pelo blanco le dijo: «Ese es un billete seguro para llevarlo al infierno. Cuénteme, ¿qué es lo que está haciendo para ir al cielo?». El abuelo le contestó que estaba luchando por vivir una buena vida, ser un buen marido y padre, y un ciudadano respetable.

El anciano chasqueó los dedos y replicó: «Eso no cuenta tanto para llevarte al cielo». Entonces, el señor Noble le explicó que la salvación no dependía de lo que *él* hiciera, sino de lo que Jesús ya había hecho *por* él en la cruz. No tardaron en ponerse de rodillas y orar, y mi abuelo entregó por fin su vida a Cristo.

La Biblia declara que Dios nos salva «no por obras de justicia que [hayamos] hecho, sino por su misericordia» (Tito 3.5). ¡*Todos* cumplimos este requisito!

40

*Nosotros amamos a Dios,
porque él nos amó primero.*

1 Juan 4.19

• • •

Amorosa obediencia

Asistí a una conferencia donde uno de los oradores formuló una interesante pregunta: «¿A qué le tienen más miedo, a romper los mandamientos de Dios o romperle el corazón?». Esto me llegó a lo más hondo. La mayoría de nosotros sabemos que Dios quiere que hagamos lo bueno y rechacemos lo malo.

Sin embargo, más allá de la obediencia, Dios quiere tener una relación íntima con nosotros. Es tan necesario que le obedezcamos, porque le amamos, porque no queremos hacer nada que le produzca aflicción a nuestro amoroso Padre celestial.

Necesitamos tener una amorosa obediencia en cinco ámbitos de nuestra vida: nuestra mente, nuestra voluntad, nuestras emociones, nuestro cuerpo y nuestro tiempo. Ahora bien, si estás viva y respiras, lucharás en uno o más de estos campos. Yo lidio con obedecer a Dios de forma amorosa cuando se trata de cuidar mi cuerpo. ¿Ejercicio? No quiero. También batallo con querer jugar cuando debería trabajar. Y, sobre todo, peleo conmigo misma cuando tengo que enfrentarme a alguien por una cuestión y no deseo hacerlo.

Una amiga mía lucha con su mente y sus emociones. Le teme a las enfermedades graves. Puede convencerse a sí misma de tener todos los síntomas de casi cualquier dolencia de la que oye hablar. Tiene que obedecer amorosamente a Dios centrándose en sus promesas de cuidar de ella.

Te desafío a escuchar, a ser sensible a la voz de Dios y, después, obedecerle con amor, no porque nos vaya a castigar si no lo haces, sino porque lo amas tanto que no quieres romperle el corazón. Juan afirmó: «Nosotros le amamos a él, porque él nos amó primero» (1 Jn 4.19). ¡Qué motivación para nosotros!

41

Jesús le dijo[a Zaqueo]: Hoy ha venido la salvación a esta casa.

LUCAS 19.9; RVR1960
(TODA LA HISTORIA EN: LUCAS 19.1-10)

• • •

DIOS BUSCA A LOS PERDIDOS

Un día, mientras estaba nadando por el fondo del océano, un submarinista profesional se encontró con una ostra que llevaba un trozo de papel en la boca. La abrió y sostuvo el papel cerca de sus gafas. Cuál no sería su sorpresa cuando descubrió que se trataba de un tratado del evangelio explicando cómo llegar a ser cristiano.

Asombrado, el submarinista tomó conciencia: *No puedo seguir oponiéndome a Dios ya que se ha tomado tanta molestia en localizarme.* Allí, en el fondo del océano, se arrepintió de sus pecados y depositó su fe en Jesucristo.

Zaqueo era un recaudador de impuestos, corto de moral y de estatura. Se encontraba en Jericó cuando

Jesús llegó, pero no podía verlo a causa de la multitud; por esta razón, se adelantó a toda prisa y se subió a un árbol. Cuando Jesús llegó a su altura, levantó los ojos y le dijo: «Zaqueo, baja inmediatamente. Tengo que quedarme en tu casa hoy».

La gente empezó a murmurar: «Va a ser huésped de un "pecador"».

Zaqueo exclamó: «¡Señor, Señor! Aquí y ahora entrego la mitad de mis posesiones a los pobres, y si de alguna manera he engañado a alguien, le pagaré cuatro veces el importe».

Jesús respondió: «Hoy ha llegado la salvación a esta casa... Porque el Hijo del Hombre vino a buscar y a salvar lo que se había perdido» (Lc 19.1-10).

Si Dios te está hablando hoy alto y claro, ¿no crees que es tiempo de que respondas? Estés en el fondo del océano, sobre un árbol o manejando tu coche hacia el trabajo, él te está llamando.

42

Ruego a Evodia y también a Síntique,
que se pongan de acuerdo en el Señor.

FILIPENSES 4.2

•　•　•

MUJERES QUE NO SE LLEVAN BIEN

Cuando vinieron a mí, las dos mujeres estaban en un acalorado impasse. Ambas eran líderes de la escuela dominical en una iglesia grande. El dilema era que una creía firmemente que las ceras hexagonales eran mejores para el uso de los niños pequeños, mientras que la otra insistía en que las redondas eran las únicas adecuadas. Por ridículo que pueda parecer, ninguna de las dos mujeres quería ceder.

Algo similar les ocurrió a dos féminas de la Biblia. Pablo escribió: «Ruego a Evodia y a Síntique que sean de un mismo sentir en el Señor (Fil 4.2). Como aquellas dos líderes de escuela dominical, estas dos mujeres eran enérgicas trabajadoras para el Señor. Muchos habían venido a la fe en Cristo a través de sus esfuerzos. Pero alguna discrepancia de opinión había ido creciendo hasta convertirse en un impasse.

Odio admitirlo, pero he observado que este problema suele ocurrir con mayor frecuencia entre las mujeres que entre los hombres. Por ejemplo, en una reunión del consejo, dos hombres pueden discutir con vehemencia sobre un asunto. Pero, una vez acabada la reunión, pueden salir e ir juntos a jugar al baloncesto sin resentimiento alguno. Cuando dos mujeres discrepan, ya no quieren ni hablarse; olvídate de que coman juntas.

Sí, es posible creer en Cristo, trabajar duro por su reino, y, a pesar de ello, tener fuertes altercados con otras que están comprometidas en la misma causa. Pero no hay excusa posible para no reconciliarse.

El salmo 133.1 declara: «¡Mirad cuán bueno y cuán delicioso es habitar los hermanos —y aquí podría añadir "las hermanas"— juntos en armonía!». ¿Necesitas limar hoy asperezas con alguien?

43

El Señor es bueno, fortaleza en el día de la
angustia; y conoce a los que en él confían.
NAHÚM 1.7; RVR1960

• • •

FORTALEZA EN EL DÍA
DE LA ANGUSTIA

Estás a punto de salir para hacer un viaje al extranjero
cuando te enteras de que se ha emitido una advertencia
de que no es recomendable viajar al destino al que te
diriges. Al llegar al aeropuerto, una amenaza de bomba
deja vacía la terminal. Detectores de metales, perros
que olfatean tu equipaje... te guste o no, el mundo es
un lugar inseguro.

Hoy más que nunca necesitamos aferrarnos a la
seguridad de que Dios cuida a aquellos que confían en
él. No basta con saber que esta promesa se encuentra en
la Biblia. Es necesario que te asegures de que está en tu
corazón, internalizada y hecha tuya.

El breve libro de Nahúm, en el Antiguo Testamento,

se escribió sobre la ciudad de Nínive, en Oriente Medio. Sus habitantes eran crueles y perversos. Dios advirtió gráficamente a los ninivitas, por medio del profeta Nahúm, de que serían destruidos.

A pesar de ello, justo en medio de todas las malas noticias, tenemos una de las promesas más hermosas de la Biblia. Es Nahúm 1.7: «El Señor es bueno, fortaleza en el día de la angustia; y conoce a los que en él confían».

Dios es un Dios bueno. Cuando tienes una relación personal con él, tienes una fortaleza en la angustia, un puerto, un santuario, un lugar seguro, un refugio. Me encanta la imagen del salmo 91 que describe a Dios como la gallina que protege a sus polluelos: «Con sus plumas te cubrirá y debajo de sus alas estarás seguro» (91.4).

Vivimos en un mundo terrorífico, pero recuerda que tienes un Dios que «conoce [cuida] a los que en él confían».

44

Y así estaremos con el Señor para siempre.

1 Tesalonicenses 4.17

(La historia completa en: 1 Tesalonicenses 4.13-18)

• • •

Con el Señor

Todo el mundo quiere ir al cielo cuando muera. O, al menos, ¡lo que no quieren es ir al infierno! ¿Pero has pensado alguna vez que, de repente, un día podrías encontrarte en el cielo sin saber hacia dónde ir? La creencia común es que el apóstol Pedro nos dará la bienvenida, pero en realidad la Biblia no lo afirma.

No tienes por qué preocuparte de sentirte perdida cuando mueras. La Biblia dice que Cristo es nuestro Salvador y, por tanto, estaremos con él. Pablo dice que estar fuera del cuerpo es estar presente al Señor (2 Co 5.8). No hay lugar intermedio ni lapso de tiempo entre una cosa y otra.

Observa que Pablo no dice: «Estar ausente del cuerpo es estar en el cielo». Lo que asevera es algo infinitamente más fantástico. Cuando muramos, estaremos al instante en la presencia de Jesús, con él.

Pablo nos explica lo que ocurrirá si seguimos vivos cuando Jesús regrese. Declara: «...traerá Dios con Jesús a los que durmieron en él» (1 Ts 4.14). Y prosigue: «Luego nosotros los que vivimos, los que hayamos quedado, seremos arrebatados juntamente con ellos en las nubes para recibir al Señor en el aire, y así estaremos siempre con el Señor» (1 Ts 4.17).

¡Imagínatelo! Aquel que caminó contigo en todos tus problemas y a quien le has hablado incontables veces en oración, el que murió por ti, el que te ama más que nadie... estarás de verdad con él, en casa, con Jesús para siempre. ¡Grandiosa promesa!

45

Padre, he pecado contra el cielo y contra ti.

Lucas 15.21; rvr1960

(La historia completa en: Lucas 15.11-24)

• • •

Oración madura

Jesús contó una historia sobre un hijo que le dijo a su padre: «Dame mi parte de los bienes» y el progenitor así lo hizo. El joven se marchó y dilapidó toda su fortuna. Viéndose obligado a aceptar el trabajo de alimentar a cerdos, tenía tanta hambre que hasta se habría comido los desperdicios de estos animales.

Finalmente recuperó el juicio y pensó: «¡Cuántos jornaleros en casa de mi padre tienen abundancia de pan, y yo aquí perezco de hambre! Me levantaré e iré a mi padre, y le diré: Padre, he pecado contra el cielo y contra ti. Ya no soy digno de ser llamado tu hijo; hazme como a uno de tus jornaleros». De modo que se puso en camino.

Pero cuando aún le faltaba un buen trecho para llegar, su padre corrió hacia él y lo abrazó. Luego les dijo a los criados: «Sacad el mejor vestido, y vestidle; y poned un anillo en su mano, y calzado en sus pies. Comamos y hagamos fiesta; porque este mi hijo muerto era, y ha revivido; se había perdido, y es hallado» (Lc 15.12-24, extracto).

Más allá de esta historia de perdón y restauración hallamos una lección de oración. El joven hijo empezó pidiendo: «Dame mi parte de los bienes». Sin embargo, su petición cambió y pasó a ser: «Padre, hazme como a uno de tus jornaleros». La oración inmadura se detiene en el «Padre, dame», la larga lista de todo lo que queremos de Dios. La oración madura sigue diciendo: «Padre, hazme... exactamente lo que tú quieras que sea».

Cuando hayas traído todas tus peticiones de «dame» a Dios, no olvides la parte del «hazme».

46

No se inquieten por nada; más bien, en toda ocasión, con oración y ruego, presenten sus peticiones a Dios y denle gracias.

FILIPENSES 4.6

• • •

CUALQUIER COSA Y TODO

Te daré un versículo que cubre cualquier cosa y todo lo que te ocurrirá hoy. Lo encontrarás en Filipenses 4.6. La primera parte dice: «No se preocupen por nada» (NTV). Bueno, esto parece sencillo... pero solo hasta que algo grave golpea el centro de lo que más te importa. Podría ser el negocio que acabas de empezar, o, algo mucho peor, tu pareja o uno de tus hijos. Entonces te encuentras pensando constantemente en el problema.

¿Cómo puede Dios decirte que no te preocupes por nada, cuando aquello que más te importa se está viniendo abajo? Bueno, el versículo no se detiene aquí. Dios sigue diciendo: «Sino ora por todo». La oración es el antídoto divino para la preocupación.

La pregunta del millón es: «¿La has probado?».
Hoy, cada vez que el afán surja en tu mente, acude
inmediatamente a la oración pidiendo la ayuda
de Dios. Nuestra tendencia humana es pensar que
nuestra preocupación es demasiado pequeña para
molestarlo, o demasiado grande para esperar que él
pueda solucionarla. Pero nada es demasiado grande o
demasiado pequeño para Dios. Por esta razón nos dice
que oremos por *todo*, sí, por cualquier preocupación
que venga a nuestra mente.

El mayor problema que tenemos la mayoría
de nosotros con la oración es que tiramos la toalla
demasiado pronto. Pensamos que una vez hemos
orado por un problema, ya se debería solucionar. Pero
no funciona así. Recuerda que tenemos que orar cada
vez que nos preocupamos, y esto puede ser bastante a
menudo a lo largo de cualquier día. Dios nos insta a
convertir cada pensamiento afanoso en una oración.

47

*Entonces entró [Noé] en el arca junto
con sus hijos, su esposa y sus nueras,
para salvarse de las aguas del diluvio.*

GÉNESIS 7.7

(LA HISTORIA COMPLETA EN: GÉNESIS 6.1—8.18)

● ● ●

LA SEÑORA NOÉ

El linaje de todas las personas del mundo se remonta a esta mujer. Vivió durante un periodo en el que la moral se hundió hasta alcanzar el nivel más bajo de forma constante, y la tierra se llenó de violencia.

No es Eva, sino su descendiente, y vivió al menos diez generaciones después de ella. A su marido se le menciona más de cincuenta veces en la Biblia. «Noé, varón justo, era perfecto en sus generaciones; con Dios caminó Noé» (Gn 6.9). Pero a ella solo se le identifica como «la mujer de Noé».

Cuando Dios le dijo a Noé que iba a destruir el mundo mediante un diluvio, los pueblos de la tierra no habían visto nunca la lluvia. Durante ciento veinte años Noé advirtió de la venida del juicio divino, pero nadie le escuchó. ¿Puedes imaginar lo duro que debió de ser para la Sra. Noé cuando todos se burlaban de su esposo, cómo tendría que alentarlo cuando se cansara de predicar sin resultados? Date cuenta, también, que sus hijos no tenían a otros «niños buenos» con los que jugar. A pesar de todo, ella debió de educar a sus hijos para que fueran piadosos, para que cuando Dios destruyera el mundo, salvara a sus tres hijos.

¿La vida en el arca? Hazte una idea de lo que sería vivir en un zoológico flotante, con las ventanas cerradas durante cuarenta días y cuarenta noches de lluvia. Y tuvieron que esperar en el interior de la nave durante otros ciento cincuenta días antes de poder pisar tierra seca y emprender una nueva vida.

Con toda seguridad, la señora Noé ejemplificaría 1 Corintios 15.58: «Estad firmes y constantes, creciendo en la obra del Señor siempre, sabiendo que vuestro trabajo en el Señor no es en vano». Su sitio, señora Noé, está en el Bulevar de la Fama de la Fe.

48

*Cuando el pueblo se ofrece voluntariamente,
¡bendito sea el SEÑOR!*

JUECES 5.2
(LA HISTORIA COMPLETA EN: JUECES 5.1-9)

• • •

VOLUNTARIOS

Cada organización que toca la vida de las personas
depende de un selecto grupo de ayuda que lo hace
posible: los voluntarios. Estos grupos también
cuentan con personal en nómina, pero jamás serían
capaces de llevar a cabo lo que hacen si no tuvieran
voluntarios trabajadores, generosos que rellenan
sobres, hacen reparaciones, cuentan los donativos, y
realizan cualquier tarea que haya por hacer. Esto lo
sé muy bien, porque los he visto manos a la obra en
nuestra propia organización, Guidelines International
Ministries.

En la Biblia encuentro dos versículos sobre los
voluntarios y, en ambas ocasiones, el autor siente el
impulso de exclamar: «Load al Señor» por ellos.

Barac y Débora estaban liderando una importante batalla contra Sísara, un rey cananita que había oprimido cruelmente a Israel durante veinte años. Los líderes no podían luchar solos; los voluntarios marcaron la diferencia que los condujo a la victoria.

Tras la batalla, los líderes entonaron un cántico que declaraba: «Cuando los príncipes de Israel toman el mando, cuando el pueblo se ofrece voluntariamente, ¡bendito sea el SEÑOR!» (Jue 5.2). Creo que el líder de cualquier organización estaría completamente de acuerdo con este sentimiento. Cuando las personas se ofrecen para ayudar, ¡la batalla se puede ganar! En otra parte del cántico, los líderes exclaman: «Mi corazón está con los príncipes de Israel, con los voluntarios del pueblo. ¡Bendito sea el SEÑOR!». (Jue 5.9).

Si ofreces tu tiempo voluntariamente para marcar una diferencia en la vida de las personas, hoy quiero decirte: «Gracias». Es posible que todo lo que hagas sea entre bambalinas. Pero un día, Dios reconocerá tu labor y, entonces, todos diremos: «¡Load al Señor!».

49

*Al encontrarme con tus palabras, yo
las devoraba; ellas eran mi gozo y la
alegría de mi corazón, porque yo llevo tu
nombre, SEÑOR, Dios Todopoderoso.*

JEREMÍAS 15.16

• • •

SUPERVIVENCIA ESPIRITUAL

El sobrecargo de vuelo recitó las instrucciones
mientras el avión despegaba. «En caso de pérdida de
presión de cabina, se desplegarán las mascarillas de
oxígeno. Si viaja con un niño, asegúrese primero su
propia máscara antes de ponerle la suya al pequeño».
Si pierdes la consciencia, ya no podrás ayudar a tu hijo.
Tiene sentido.

A pesar de ello, en lo tocante a la condición
de padres, nosotras, las madres, solemos sentir
que debemos atender siempre las necesidades de
nuestros hijos antes que las nuestras. Algunas veces
casi llegamos al punto de perder la conciencia por el
agotamiento.

Las mamás suelen quedarse cortas al utilizar los recursos espirituales. Cuando yo criaba a tres niños pequeños, me preguntaba si era posible tener una vida espiritual profunda. Sencillamente no quedaba tiempo para un extenso estudio de la Biblia ni para largos periodos de oración. Lo único que podía hacer era agarrar unos cuantos versículos a la carrera y emitir oraciones de desesperación: «¡Señor, ayúdame!».

Mi consejo para todas las madres es, pues, que no entren en pánico cuando pasen algunos días y no hayan podido acabar un estudio de la Biblia y sus oraciones sean demasiado breves. Considera un Salmo mientras preparas el café, eleva una oración de alabanza al mirar el rostro de tu bebé al cambiarle el pañal, o pronuncia palabras de edificación de cintas de casetes o de CD mientras vas conduciendo.

Este mismo principio es cierto cuando eres responsable de los empleados de una gran compañía. No puedes pasar mucho tiempo sin alimento espiritual. El profeta Jeremías afirmó: «Al encontrarme con tus palabras, yo las devoraba; ellas eran mi gozo y la alegría de mi corazón» (Jer 15.16).

¡Asegúrate de mantener tu «picoteo» espiritual a diario cuando no te sea posible «sentarte a cenar»!

50

Por encima de todo, vístanse de
amor, que es el vínculo perfecto.
COLOSENSES 3.14

• • •

EL VESTUARIO DE DIOS

En Colosenses 3 se nos dice que nos vistamos de siete características. Si lo hacemos, tendremos un atuendo completo, ¡y las más elevadas cualidades!

La primera de la lista es la *compasión*. Es la camiseta, porque se lleva pegada al corazón. Cuando este se llene de compasión, alcanzaremos a otros.

La segunda es la *bondad*. Como nuestras piernas son las que nos transportan para hacer cosas útiles para los demás, la bondad debe ser la falda o los pantalones.

El cinturón que afianza la bondad es ¡*la paciencia!* Con ella tenemos la gracia de seguir tratando a otros bondadosamente, aun cuando no sean receptivos.

La *humildad* debe de ser sin duda los zapatos, los elementos más próximos al suelo. El calzado de humildad nos llevará a ayudar a los que son menos afortunados que nosotros.

Para los complementos, prueba *la amabilidad*. No es muy ostentosa, ¡pero es tan atractiva! Pedro afirma: «Que la belleza de ustedes no sea la externa, que consiste en adornos... Que su belleza sea más bien... la que procede de un espíritu suave y apacible. Ésta sí que tiene mucho valor delante de Dios» (1 P 3.3-4).

En sexto lugar, *el perdón*. Es el sombrero, porque es primeramente una decisión que tomas en la cabeza, y después pasa a ser una emoción del corazón.

¿Qué me dices de un abrigo para mantener el frío a raya? Las Escrituras dicen: «Por encima de estas cosas, vístanse de amor, que es vínculo perfecto» (Col 3.14). Desde luego que *el amor* irradia calidez.

¿No estás de acuerdo en que la persona que vaya vestida de compasión, bondad, humildad, amabilidad, paciencia, perdón y amor va bien arreglada para cualquier ocasión? ¡Usemos el vestuario de Dios!

51

*En todo siguió [Amasías]
el ejemplo de su padre Joás.*

2 REYES 14.3
(LA HISTORIA COMPLETA EN: 2 REYES 14.1-4)

• • •

EL PODER DEL EJEMPLO

Steve Marxwell, líder del movimiento a favor de
la educación en el hogar, cuenta una lección que
aprendió de su hijo.

Cuando su familia se estaba mudando a otra casa,
se detuvieron en un restaurante para comer. Cuando
el camarero les tomó el pedido, Nathan, su hijo mayor,
tomó la palabra. Le dijo al mesero que iban a orar
al Señor para que bendijera su comida y le preguntó
si tenía alguna petición por la que pudieran orar. El
hombre fue tomado por sorpresa. Recuperándose,
le respondió que el padre de su novia estaba en el
hospital con un grave problema de corazón, y que
apreciarían una oración por él. Tras acabar de orar, el
camarero estaba claramente emocionado y agradecido.

Steve le dijo a su hijo Nathan lo agradecido que se sentía por su ejemplo y que esperaba hacer esa misma pregunta a otros en el futuro. El niño le explicó que había estado con otra persona que había actuado de este modo y decidió hacerlo a su vez. Alguien había sido un ejemplo para Nathan y él aprendió de lo que vio hacer.

¡El poder del ejemplo! Va pasando de una persona a otra. Te des cuenta o no, eres mentora de las personas por medio de tu vida. Algunas de las mejores enseñanzas no se expresan con palabras, sino mediante el ejemplo.

Tal vez no hayas oído nunca hablar de reyes llamados Amasías y Joás, pero podemos aprender algo de ellos. Las Escrituras declaran que Amasías «hizo conforme a todas las cosas que había hecho Joás su padre» (2 R 14.3). Por tanto, Joás dejó el ejemplo y su hijo siguió sus pasos.

Anímate, las personas ven lo que haces. Tu ejemplo tiene poder para moldear sus vidas.

52

*Su Padre sabe lo que ustedes
necesitan antes de que se lo pidan.*
Mateo 6.8

• • •

Dios es muy confiable

Mi padre, que estuvo en el ministerio durante
setenta y cuatro años, empezó a predicar durante los
complicados días de la década de 1930, cuando el
dinero era difícil de encontrar.

Me contó que una vez necesitaba enviar por
correo una carta importante. Tenía que salir justo
ese día, pero no disponía de los tres céntimos para
comprar el sello.

Cuando el cartero vino aquella misma mañana,
Papá recibió una carta de un amigo y allí, entre las
páginas de la misiva, había un sello de tres centavos.
En la carta no se hacía mención alguna a este, pero
varios días antes el Señor ya sabía que él iba a necesitar
un sello postal. Por su misericordia, había puesto en el

corazón de aquel amigo que dejara caer un sello dentro del sobre.

Papá también recordaba una ocasión en la que necesitaba diez centavos para algo importante, tan solo diez centavos, pero no los tenía. De nuevo le llegó una carta con una moneda de esa cantidad en su interior. Él solía exclamar: «¡Cuán maravilloso es el Señor para con sus hijos!».

Me alegra que nos contara estas experiencias, porque me enseñaron que Dios es muy confiable. Sabe exactamente cuánto tenemos y cuánto necesitamos en un momento concreto. La Biblia afirma: «Su Padre sabe lo que ustedes necesitan antes de que se lo pidan» (Mt 6.8). Y si Dios ha suplido las necesidades de sus hijos en el pasado, puedes estar segura de que lo hará también en el presente.

Y puedes pensar: *Dios contesta las oraciones de otras personas, pero no sé si lo haría en mi caso.* Solo ponlo a prueba. Y es que él sabe lo que necesitas antes de que se lo pidas.

53

Nos sentíamos como sentenciados a muerte. Pero eso sucedió para que no confiáramos en nosotros mismos sino en Dios, que resucita a los muertos.

2 Corintios 1.9

• • •

TRES RAZONES POR LAS QUE ESTO OCURRIÓ

Cuando estás sufriendo profundamente, la pregunta que llega a tu mente inmediatamente es: ¿Por qué? ¿Por qué me ha sucedido esto a mí? La Biblia nos da tres ejemplos que responden a esta alarmante pregunta.

El primero es que el dolor ocurre por culpa del pecado. Jeremías 13.22 afirma: «Y si preguntas: «¿Por qué me pasa esto?», ¡por tus muchos pecados! Es posible que veamos esta conexión en otros, pero no somos tan rápidos para considerar esta verdad en nosotros mismos.

Otra razón por la que Dios permite el dolor

es para ser alabado. ¿Te parece extraño? Justo antes de que Jesús sanara a un ciego, los líderes religiosos preguntaron quién había pecado para causar la ceguera. Jesús respondió: «Ni él pecó, ni sus padres —respondió Jesús—, sino que esto sucedió para que la obra de Dios se hiciera evidente en su vida» (Jn 9.3). Dios puede querer que seas un escaparate de su poder sobrenatural para que las personas lo reconozcan.

En tercer lugar, Pablo aseveró que las experiencias dolorosas nos ocurren «para que no [confiemos] en nosotros mismos, sino en Dios» (2 Co 1.9). Enseguida nos damos cuenta: *¡No puedo solucionarlo! ¡Necesito de veras la ayuda de Dios!* No hay nada como una situación imposible para que tomemos conciencia de lo indefensos que somos.

Si ahora mismo te estás enfrentando a un problema doloroso, Dios puede estar diciendo: «Aquí hay pecado y tenemos que hablar de ello». O tal vez enviará una solución tan maravillosa que lo único que puedas decir sea: «¡Gloria a él!». Tal vez te está ayudando a que entiendas lo completamente dependiente que eres de él y lo confiable que él es. ¡Escucha, solamente!

54

*Una muchacha israelita... criada de la
esposa de Naamán. Un día la muchacha
le dijo a su ama: «Ojalá el amo fuera
a ver al profeta que hay en Samaria,
porque él lo sanaría de su lepra».*

2 Reyes 5.2-3

(La historia completa en: 2 Reyes 5.1-15)

• • •

¿Dónde está el Piccolo?

El famoso director de orquesta, Sir Michael Costa,
dirigía un ensayo con cientos de instrumentos y voces.
El coro cantaba a pleno pulmón, acompañado por
el tronar del órgano, el retumbe de los tambores y el
sonido de los cuernos.

En medio de la música, el que tocaba el piccolo,
allí lejos, en una esquina, se dijo a sí mismo: «No
importa lo que yo haga», y dejó de tocar. De repente,
el gran director alzó la mano y detuvo el ensayo por
completo. «¿Dónde está el piccolo?», gritó. Su

afinado oído había notado la ausencia. Para él, toda la pieza se había estropeado.[7]

¿Qué me dices de ti? En la orquesta de la vida, ¿te has sentido alguna vez como el que tocaba el piccolo, insignificante y escondido?

La Biblia nos cuenta la historia de cómo una simple criada jugó un papel importante en la vida de un hombre altamente considerado. Naamán era comandante del ejército del rey de Aram. Entonces contrajo la lepra.

Sus ejércitos habían tomado cautiva a una muchacha israelita, y esta se convirtió en la criada de la esposa de Naamán. Era «tan solo» un músico que tocaba el piccolo, una prisionera, una esclava. Pero alzó la voz y le dijo a su señora: «Ojalá el amo fuera a ver al profeta [Eliseo] que hay en Samaria, porque él lo sanaría de su lepra» (2 R 5.3). Naamán lo hizo. Por medio de Eliseo, Dios lo sanó de su enfermedad. Desde aquel momento, el comandante aseguró que solo adoraría al Dios verdadero. Este se había servido de una simple criada cautiva para atraer a un hombre importante hacia él.

7. Corrie ten Boom, *Not I But Christ* (Nashville, TN: Thomas Nelson Publishers, 1984), p. 135.

Tú marcas la diferencia en esta vida. Sigue tocando tu piccolo. El Director divino de la orquesta de la vida está escuchando tu parte.

55

En su angustia clamaron al SEÑOR, y él los salvó de su aflicción. Los sacó de las sombras tenebrosas y rompió en pedazos sus cadenas.

• • •

NO HAY POZO DEMASIADO PROFUNDO

Ella misma lo decía, era una prostituta, una lesbiana, una alcohólica y una estríper. Tan solo tenía veinticuatro años, y llevaba más o menos un año en la cárcel acusada de asesinato; también era madre soltera y tenía dos hijos.

Me escribió desde la prisión diciéndome que hacía cuatro meses, Jesús le había dado una nueva vida. Cuando creía estar «acabada», Dios la rescató y, ahora, me decía en su carta: «Me siento tan feliz de estar viva en Jesucristo».

Estando encarcelada, alguien le envió mi libro *Created for a Purpose* [Creados para un propósito]. Lo leyó y después escribió para decir que ahora sabe que Dios tiene un propósito único para su vida. Lágrimas de gozo inundaron mis ojos al leer su carta. ¡Qué milagro había hecho Dios en su vida!

Esta joven es un brillante ejemplo del salmo 107.13-14: «En su angustia clamaron al Señor, y él los salvó de su aflicción. Los sacó de las sombras tenebrosas y rompió en pedazos sus cadenas».

Tal vez tú estés también encadenada en un pozo. Estás sintiendo que has perdido tu tiempo, que has llegado demasiado lejos como para que Dios restaure tu vida. Querida amiga, sencillamente *no* es verdad. Corrie ten Boom, una cristiana holandesa que sobrevivió a los horrores del campo de concentración de Ravensbrück durante la Segunda Guerra Mundial, dijo: «No hay pozo tan hondo que supere la profundidad del amor de Dios». Él puede cambiar tu vida; acude a él de todo corazón.

56

Me hizo bien haber sido afligido, porque
así llegué a conocer tus decretos.

SALMO 119.71
(LA HISTORIA COMPLETA EN: SALMO 119.67-71)

• • •

CAPTAR MI ATENCIÓN

Su nombre era Carol y tenía ochenta y tantos años. Lo que más me impresionó de ella era la dulce atención que dedicaba al Señor. Cada mañana, durante su tiempo en silencio con Dios, tras leer algo de las Escrituras, le escribía una carta. En estas misivas le daba las gracias por su bondad para con ella y le pedía por sus necesidades. También le contaba las circunstancias que no le gustaban. Cada carta era la oración de Carol al Señor y esta práctica la preparaba para enfrentarse a cada día.

Carol fue voluntaria en nuestra oficina de Guidelines Ministries durante casi veinte años. Tantas veces como tuvo que atravesar circunstancias difíciles, la oí decir cosas como: «El Señor es tan bueno. Si es necesario, me despierta a las dos de la mañana para hablar conmigo. Me ama demasiado para dejar que haga las cosas a mi manera. Así que, si sé lo que me conviene, le escucharé y aprenderé lo que quiera enseñarme, para que no tenga que seguir intentando conseguir mi atención».

Sí, Dios tiene interesantes formas de llamar nuestra atención. A veces nos habla suavemente al corazón. Otras nos detiene cortándonos el camino con un obstáculo tan grande que no tenemos más elección que acudir a él. De un modo u otro, su motivación es el amor.

El escritor del salmo 119 afirmó: «Me hizo bien haber sido afligido, porque así llegué a conocer tus decretos» (v. 71). Gracias, Carol, por ser un ejemplo vivo de esta verdad.

57

Por eso, anímense y edifíquense unos a otros, tal como lo vienen haciendo.

1 Tesalonicenses 5.11

• • •

Diez cosas que me gustan de ti

Cuando van pasando los cumpleaños o la Navidad, ¿te preguntas alguna vez qué regalar a esa persona especial en tu vida que parece tenerlo todo? Mi amiga Angie sugiere un álbum, un álbum de recortes o una tarjeta titulada: «Diez cosas que me gustan de ti». Aunque el regalo no te va a costar mucho dinero, te exigirá tiempo de reflexión mientras vas repasando los recuerdos de tu relación y escogiendo diez cosas especiales en esa persona.

Este hermoso regalo de «Diez cosas que me gustan de ti» se le puede hacer a tu hijo de ocho años o a tu abuela de noventa: encaja perfectamente en todas las tallas y edades.

Resulta extraño, pero imaginamos que esas personas que nos importan ya conocen sus fuerzas y sus adorables cualidades. Sin embargo, esto no tiene por qué ser necesariamente cierto. A veces, quienes más cerca están de nosotros han luchado en ciertos ámbitos y no se dan cuenta del éxito que han logrado al vencer sus dificultades. En lugar de obstáculos, estos campos de su vida son ahora bendiciones, y necesitan que tú se lo digas.

La Biblia dice: «Anímense y edifíquense unos a otros» (1 Ts 5.11). Cada uno de nosotros se beneficiaría de este tipo de aliento y por esta razón es tan especial este regalo.

Un plus añadido es que cuando el receptor de tu regalo te haga daño o necesite tu perdón —como suele ocurrir en toda relación—, pensar en las diez cosas que amas de esa persona ayudarán a que tu enojo se desvanezca.

Tómate tiempo y alienta a esta persona especial con un regalo inestimable que nadie más podría ofrecer. Ambas seréis bendecidas.

58

No hay nadie como el Dios de Jesurún,
que para ayudarte cabalga en los cielos,
entre las nubes, con toda su majestad.

DEUTERONOMIO 33.26

• • •

SUPERMAN

Superman empezó siendo un personaje de cómic
en junio de 1938. Su popularidad fue creciendo y
apareció en comics, programas de radio, tiras cómicas
de periódicos, programas de televisión, películas, y
hasta en un musical de Broadway. Con su conocido
atuendo rojo, azul y amarillo y la estilizada letra "S", ha
sido la figura del héroe para millones de personas.

En algunas versiones de la historia, su llegada a
la tierra tiene ciertos matices similares al nacimiento
de Jesús. En la versión cinematográfica, el padre de
Superman interpretado por Marlon Brandon le dice
a su hijo que conduzca a los hombres corrientes a la
justicia, y utiliza estas palabras: «Por esta razón sobre

todo —su capacidad para el bien— los he enviado a ti, mi único hijo».

Ciertamente, en el corazón humano hay hambre de alguien mayor que uno. Queremos elevar nuestra mirada a alguien que pueda realizar hechos increíbles que nosotros no podemos, alguien que luche contra las fuerzas del mal que vemos, llenas de furia, obrando en el mundo.

Afortunadamente tenemos a Alguien que puede hacer exactamente estas cosas El Señor Dios Todopoderoso es su nombre. «No hay nadie como el Dios de Jesurún, que para ayudarte cabalga en los cielos, entre las nubes, con toda su majestad» (Dt 33.26). ¿Y quién era Jesurún? Los eruditos nos dicen que era un nombre poético para el pueblo de Israel, utilizado para expresar afecto. Significa: «el amado pueblo justo» (cp. Dt 32.15; 33.5, 26; Is 44.3).

Superman no puede estar en todas partes a la vez, y hay hazañas que Superman no puede realizar, pero «para Dios no hay nada imposible» (Lc 1.37). Él es el superhéroe. ¿No te alegras de conocerlo?

59

Jesús le dijo: ¿qué a ti? Sígueme tú.
JUAN 21.22; RVR1960
(LA HISTORIA COMPLETA EN: JUAN 21.1-25)

• • •

¿QUÉ A TI? ¡SÍGUEME TÚ!

Me encanta la historia de la conversación entre Simón
Pedro y Jesús a orillas del mar de Galilea, después de
que Jesús resucitara de los muertos.

Pedro y Jesús tenían algún asunto pendiente.
¿Recuerdas lo que ocurrió? Pedro lo había negado
tres veces antes de que lo crucificaran. Pero, ahora,
Jesús se vuelve hacia Pedro y le pregunta: «Simón,
¿me amas?». Pedro responde: «Sí, Señor, tu sabes
que te amo». Jesús le formula tres veces la misma
pregunta. Tres negaciones y tres profesiones de amor.
Luego, Jesús le presagia a Pedro que, cuando sea viejo,
glorificará a Dios siendo ejecutado; según la tradición
fue crucificado. Entonces, añade un mandamiento:
«¡Sígueme!» (Jn 21.19).

Siempre puedes contar con Pedro para hacerle

las preguntas que te habría gustado formular si te hubieras atrevido. Pedro ve a Juan, su compañero discípulo y pregunta: «Señor, ¿y qué de éste?» (Jn 21.21). ¿No te encanta su atrevimiento? Es como si dijera: «Señor, ¿tendrá él que sufrir tanto como yo? En nuestros días, nos comparamos a otras cristianas y nos preguntamos: «¿Por qué tengo yo más problemas que ella?».

La respuesta de Jesús es: «Si quiero que él quede hasta que yo venga, ¿qué a ti? Sígueme tú» (Jn 21.22).

Jesús nos diría lo mismo a nosotros hoy: «No compares mi obra en tu vida con la forma en que trabajo en la vida de otros». Tu experiencia con Dios es específicamente para ti. Nuestro trabajo consiste sencillamente en seguir al Señor dondequiera que él nos guíe. ¡Gracias a Dios por su plan hecho a medida para ti! Tan solo obedécele un día o incluso una hora a la vez. ¡Quién sabe cómo usará tu vida para bendecir a otros!

60

*Su señor le respondió:" ¡Hiciste bien, siervo
bueno y fiel! En lo poco has sido fiel;
te pondré a cargo de mucho más. ¡Ven
a compartir la felicidad de tu señor!*

MATEO 25.21

• • •

FLORENCE NIGHTINGALE

Florence Nightingale, la fundadora de la enfermería
moderna, nació en 1820 en el seno de una rica
familia inglesa.

Cuando tenía dieciocho años, escuchó el llamado
de Dios para un propósito especial en la vida. Este
llamamiento era para que ayudara a los enfermos y
los pobres convirtiéndose en enfermera, un oficio que
en aquella época se consideraba de baja posición y
perteneciente a la «clase obrera».

Cuando Inglaterra entró en la Guerra de Crimea,
Florence y un equipo de treinta y ocho enfermeras
fueron a Turquía, y, posteriormente a Crimea para
ayudar a los soldados heridos. Los hospitales militares
eran sucios y estaban infestados de ratas y pulgas que

provocaban el tifus y el cólera. Florence misma contrajo la fiebre Crimea. Sin embargo, logró mejoras que ayudaron a disminuir el índice de mortalidad desde el cuarenta hasta el dos por ciento. Su trabajo allí fue la inspiración para fundar la Cruz Roja Internacional.

A su regreso a Inglaterra, tras la guerra, Florence hizo campaña por la mejora de los hospitales para que se convirtieran en lugares donde se salvaban vidas en lugar de perderlas. Tres años antes de su muerte, recibió la Orden al Mérito, convirtiéndose en la primera mujer que la recibió.

Florence escribió:

> *Mi vida... [ha mostrado] cómo una mujer de habilidades muy corrientes ha sido guiada por Dios por unos caminos extraños e inhabituales para hacer, a su servicio, lo que él hizo en ella. Y, si pudiera contarles todo, verían cómo Dios ha sido quien lo ha hecho todo, y yo nada. He trabajado duro, muy duro, eso es todo; y jamás le he negado nada a Dios.*[8]

Sin duda el Señor le dijo: «¡Bien, buen(a) sierv(a) y fiel!» (Mt 25.21). Piensa en las circunstancias en las que Dios te ha colocado. ¿Qué puedes hacer a su servicio para mostrar todo lo que él ha hecho por ti?

---

8. Killy John y Alie Stibbe, *Bursting at the Seams* (Oxford, UK and Grand Rapids, MI: Monarch Books, 2004), p. 12.

61

Por lo tanto, hermanos, tomando en cuenta la
misericordia de Dios, les ruego que cada uno
de ustedes, en adoración espiritual, ofrezca su
cuerpo como sacrificio vivo, santo y agradable
a Dios. No se amolden al mundo actual, sino
sean transformados mediante la renovación de
su mente. Así podrán comprobar cuál es la
voluntad de Dios, buena, agradable y perfecta.

ROMANOS 12.1-2

• • •

SACRIFICIOS VIVOS

Fue uno de esos días en los que me sentí presionada
por lo mucho que tenía que hacer, y trabajaba duro
para acabar cada tarea. Fue entonces cuando mi esposo
me preguntó si tenía tiempo de hacerle un recado.
Algo estalló dentro de mí, y, en mi mente, respondí
de inmediato con un rotundo «No». Mi respuesta
no fue audible, pero estoy segura de que al ver mi cara
detectó que no quería hacer lo que me pedía.

Cuando reflexioné rápidamente en el asunto me di cuenta de que era lógico que yo fuera a hacer la diligencia. Después de todo, yo tenía más tiempo que él. De modo que dije: «Sí», y me dirigí hacia el auto.

Pero, dentro de mí, seguía resentida por la interrupción. Subí al asiento del conductor y puse en marcha el auto; prendí la radio. Inmediatamente oí estas palabras: «¿Has presentado alguna vez tu cuerpo al Señor en sacrificio vivo?». *Está bien, Señor* —pensé—; *ya te oigo.*

En Romanos 12.1 Pablo insta: «Por lo tanto, hermanos, tomando en cuenta la misericordia de Dios, les ruego que cada uno de ustedes, en adoración espiritual, ofrezca su cuerpo como sacrificio vivo, santo y agradable a Dios». Sí, yo había asumido ese compromiso. Pero hacerlo en un servicio hermoso y a la luz de las velas es una cosa; vivir esa responsabilidad en la vida diaria es otra. Confesé mi falta de disposición y le pedí su perdón.

Es posible que tú también, en un momento u otro, hayas ofrecido tu vida al Señor como sacrificio vivo. Pero tal vez, igual que yo, necesitas volver al altar de vez en cuando y hacerlo de nuevo.

62

*Para esto fueron llamados, porque
Cristo sufrió por ustedes, dándoles
ejemplo para que sigan sus pasos.*
1 PEDRO 2.21

• • •

EL PODER DEL TACTO

El doctor Paul Brand, un misionero, es famoso por
sus contribuciones para detener la lepra en las zonas
pobres del mundo. Trabajó con leprosos que habían
sido aislados por sus comunidades, porque durante
mucho tiempo se creyó erróneamente que esta
enfermedad era contagiosa.

El doctor Brand cuenta que, un día, en la India,
estaba examinando las manos de un hombre mientras
intentaba explicarle que podía detener el progreso
de la lepra y, tal vez, recuperar algún movimiento.
Pero no podía hacer gran cosa por las deformaciones
faciales que tenía. El doctor Brand bromeó con él un
poco, poniéndole la mano en el hombro. «Tu cara

no está tan mal —le dijo guiñándole un ojo— y no empeorará si tomas la medicación. Después de todo, nosotros los hombres no tenemos que preocuparnos tanto de nuestra cara. Son las mujeres quienes se mortifican por cada bultito y cada arruga». Esperaba que el hombre sonriera, pero en lugar de hacerlo, unos silenciosos sollozos empezaron a sacudirlo.

«¿He hecho algo malo?», le preguntó el doctor Brand a su ayudante en inglés. «No, doctor», respondió la enfermera. «Dice que está llorando, porque usted le puso la mano en el hombro. Hasta venir aquí, nadie le había tocado durante muchos años».[9]

Jesús tocaba a las personas —a los ciegos, a los discapacitados y, sí, también a los enfermos de lepra—, dándonos ejemplo de que «deberíamos seguir sus pasos» (1 P 2.21).

A veces no nos damos cuenta de lo mucho que necesitan las personas nuestro tacto. Debería ser, por supuesto, algo adecuado: la persona correcta en el momento y en la forma apropiadas. Mira a ver si en tu vida hay alguien que necesite hoy este amoroso estímulo.

9. Dr. Paul Brand y Philip Yancey, *The Gift of Pain* (Manila, Filipinas: OMF Literature Inc., 2000), p. 106.

63

Y que la paz que viene de Cristo gobierne en sus corazones. Pues, como miembros de un mismo cuerpo, ustedes son llamados a vivir en paz. Y sean siempre agradecidos.

COLOSENSES 3.15; NTV

• • •

QUE LA PAZ DE DIOS GOBIERNE... Y SEAN SIEMPRE AGRADECIDOS

Dos de mis nietos, de seis y nueve años en aquella época, se estaban peleando. Palabras furiosas iban y venían. Finalmente los interrumpí. «Carson, dime una cosa que te guste de Ryan, solo una». Le tomó cierto tiempo antes de que pudiera pensar en algo, pero por fin admitió: «Bueno, me ayuda a patinar».

No logro recordar ahora si a Ryan, a su vez, se le ocurrió algo o no, pero dejaron de discutir. Es casi imposible permanecer enfadada con alguien cuando estás intentando recordar algo que te gusta en esa persona.

El apóstol Pablo debía de saberlo, cuando escribió a los colosenses: «Y que la paz que viene de Cristo gobierne en sus corazones. Pues, como miembros de un mismo cuerpo, ustedes son llamados a vivir en paz. Y sean siempre agradecidos» (Col 3.15).

El enfado y el agradecimiento son casi mutuamente exclusivos. No puedes enojarte con alguien y sentir gratitud por ella al mismo tiempo. Pablo estaba diciendo: «Que la paz de Cristo sea el árbitro en vuestras disputas».

Cuando pensamos en la paz, solemos visualizar un lago en perfecta calma. Sin embargo, el predicador G. Campbell Morgan decía que el término bíblico que se usa para la palabra paz «no es una quietud en la que no hay ningún movimiento en absoluto... Es el final de la lucha y del conflicto».[10]

Esa persona con la que estás enojada ahora mismo... ¿no hay una sola cosa en ella por la que te sientas agradecida? Tal vez tengas que pensarlo mucho hasta que se te ocurra algo. Pero, si lo haces, tu enfado empezará a apaciguarse. ¡Inténtalo!

---

10. G. Campbell Morgan, *The Corinthian Letters of Paul* (Westwood, NJ: Fleming H. Revell Company, 1946), p. 15.

64

*Luego nombró a doce de ellos y los llamó
sus apóstoles. Ellos lo acompañarían,
y él los enviaría a predicar.*

MARCOS 3.14; NTV

• • •

¡OH CUÁNTO TE VOY A AMAR!

Richard Abanes escribió una hermosa canción de
amor con el propósito de que se cantara en las bodas.
El estribillo dice:

> *Y te honraré, te consolaré, viviré
> para siempre contigo.
> Y te seré fiel, permaneceré junto a
> ti, jamás te abandonaré.
> Reiré contigo, y contigo lloraré,
> Caminaremos por la vida juntos;
> Y te amaré, ¡oh cuánto te amaré!*[11]

¿A qué novia no le gustaría escuchar a su novio

---

11. *"Oh, How I'll Love You"*, música y letra de Richard Abanes ©1998. Utilizado con permiso.

prometerle su amor de una forma tan bella? No pude evitar pensar que este es también el tipo de relación que Dios quiere tener con cada uno de nosotros. Ha demostrado que desea un vínculo mutuo. ¿Por qué, si no, se llamaría Dios a sí mismo nuestro Padre? ¿Por qué otra razón se describiría al cuerpo de Cristo, formado por todos los creyentes, como su esposa?

Cuando Jesús llamó a los discípulos «nombró a doce... Ellos lo acompañarían» (Mr 3.4). Oh sí, después de esto los envió a predicar. Pero primero los llamó para que estuviesen con él. Así es como llegamos a conocer al Señor: estando con él.

Se nos dice en la Biblia que dos hombres caminaron con Dios: Enoc y Noé (Gn 5.22, 24; 6.9). No es de sorprender que lo conocieran tan bien. Si pasamos tiempo caminando y hablando con Dios, también nosotros creceremos hasta ser más como él.

He aquí otro pensamiento. Mi esposo sabe más allá de cualquier sombra de duda que lo amo. Sin embargo, sigue queriendo oírmelo decir cada día, y lo mismo le ocurre a Dios. Siéntate en silencio durante un momento, y díselo hoy.

65

*Mi culpa me abruma, es una carga
demasiado pesada para soportar.*

SALMO 38.4; NTV

● ● ●

EL GANCHO DE DIOS

Cuando entró a la universidad, la relación de Pamela
con su madre empezó a ser tensa, y, desde ese
momento en adelante, las cosas solo fueron a peor. Ella
recuerda: «Seguíamos intentando mantenernos cerca,
solo para herirnos la una a la otra una y otra vez».[12]
Tanto la madre como la hija querían sinceramente
restaurar la relación rota. Entonces decidieron hacer
un viaje en auto juntas para hacer las paces.

Al principio, la tensión fue bastante dura, pero
cuando se encontraban en un restaurante, Pamela
derramó por fin su corazón y sacó todas las cosas por
las que necesitaba ser perdonada. Para su sorpresa, la
madre respondió: «Cariño, ya te perdoné todas esas

---

12.   Pamela Sonnenmoser, "Road Trip to Forgiveness" en *The gift of Letting Go:
Powerful Stories of Forgiveness* (Colorado: Honor Books, 2005), p. 204.

cosas hace años. El problema es que tú nos las quitaste de tu gancho para ponerlas en el de Dios».[13]

Me gusta esa ilustración: ¡sacar tus pecados de tu gancho y pasarlos al de Dios! A veces le pedimos a Dios que perdone nuestros fallos, pero seguimos cargando con la culpa que ellos nos producen. Podríamos decir como David: «Mi culpa me abruma, es una carga demasiado pesada para soportar» (Sal 38.4). Pero Dios nunca pretendió que fuera de este modo. Jesús invitó: «Vengan a mí todos ustedes que están cansados y agobiados, y yo les daré descanso» (Mt 11.28). Dios está dispuesto a llevar tus cargas en tu lugar, hasta el peso de la culpa.

Recuerdo un cartel que vi siendo niña y que decía: «Dejar ir y deja hacer a Dios». ¿Podría ser hoy el día que hicieras exactamente eso? Ahora mismo, deja ir todo tu fracaso y deja que Dios se encargue de él. ¡Quita la carga de tu gancho y pásala al de Dios!

---

13. *Ibíd.*, p. 205.

66

¿Qué diremos frente a esto? Si Dios está de nuestra parte, ¿quién puede estar en contra nuestra? El que no escatimó ni a su propio Hijo, sino que lo entregó por todos nosotros, ¿cómo no habrá de darnos generosamente, junto con él, todas las cosas?

ROMANOS 8.31-32

• • •

DIEZ FORMAS DE REDUCIR EL ESTRÉS

Una amiga me envió recientemente una lista de las «treinta y seis formas en que los cristianos pueden reducir el estrés». No, no voy a enumerarlas todas, pero permíteme compartir solo diez ideas contigo.

1. *Levántate a tiempo para poder comenzar el día sin prisas.* Déjame añadir que sería fantástico que antes de emprender tus responsabilidades incluyeras tiempo para leer la Biblia y orar.

2. *Simplifica y despeja el resto de tu día.* Permítete

más tiempo del que crees necesitar para hacer las cosas e ir a los distintos lugares.

3. *Toma un día a la vez, separando las inquietudes de las preocupaciones.* Si la situación es una preocupación, pregúntale a Dios qué debes hacer al respecto. Si es una inquietud, entrégasela a él y olvídate de ella.

4. *Delega tareas en otros más capaces.* Pensar que eres la única que puedes hacer el trabajo es una subida de ego.

5. *Lleva una Biblia contigo para leer cuando estés esperando en una cola.* Es una forma extraordinaria de aprovechar el tiempo. Otra buena manera es escuchar un CD o MP· edificante mientras manejas.

6. ¿Tienes problemas? *Habla con Dios de inmediato.*

7. *Ten a mano una carpeta con tus versículos bíblicos favoritos o citas alentadoras.* También te las puedes escribir en tarjetas para llevarlas contigo.

8. *Sé amable con las personas antipáticas*, probablemente son las que más necesitan la amabilidad.

9. *Recuerda que no eres la directora general del*

universo. Dios es bastante capaz de encargarse de lo que tú no puedes.

10. Cada noche, antes de irte a dormir, *piensa en una cosa por la que te sientes agradecida y por lo que nunca antes le hayas dado gracias a Dios.* Dormirás bien.

67

*Alabado sea el Dios y Padre de nuestro Señor
Jesucristo, Padre misericordioso y Dios de toda
consolación, quien nos consuela en todas nuestras
tribulaciones para que con el mismo consuelo
que de Dios hemos recibido, también nosotros
podamos consolar a todos los que sufren.*

2 CORINTIOS 1.3-4

• • •

CUVH
[EN INGLÉS GALS (Get a Life Sister)]

Cincuenta señoras asistieron a la merienda aquel día.
Todas tenían algo en común. Cada una de ellas había
experimentado lo que es despertarse una mañana y
darse cuenta de que estaba comenzando un nuevo
capítulo en su vida... como viuda.

La mayoría de las mujeres casadas sabrán lo que
es vivir sin marido. En la actualidad, las tres cuartas
partes de las personas que siguen vivas a la edad de
setenta y cinco años son mujeres.

Estas señoras me inspiran. Se autodenominan CUVH («Consigue Una Vida Hermana»). Las veo usar sus dones, su tiempo y sus recursos para bendecir a otros. Algunas tienen un ministerio de oración. Otras ministran a los ancianos. Muchas usan su influencia para impactar a sus nietos. Cada una de ellas vive con preciosos recuerdos, sin «sobreponerse» al dolor, pero tirando hacia adelante y viviendo una vida con sentido.

Mi amiga Dee Green es una de estas personas. Durante muchos años trabajó junto a su marido Paul, en el ministerio. Entonces, casi sin aviso, Paul partió con el Señor. Al principio, Dee ni siquiera quería vivir. Pero Dios habló a su corazón y la tranquilizó haciéndole saber que tenía un plan y un trabajo único para ella.

En numerosas ocasiones la he llamado pidiéndole ayuda cuando una amiga mía ha perdido a su esposo. Dee sabe cómo gozarse con los que se gozan y llorar con los que lloran. Ella misma conoce bien a Aquel al que el apóstol Pablo llama «el Dios de toda consolación, quien nos consuela en todas nuestras tribulaciones, para que con el mismo consuelo que de Dios hemos recibido, también nosotros podamos consolar a todos los que sufren» (2 Co 1.3-4). Gracias, Dee, por ser un modelo de cómo alcanzar a otros que están en necesidad.

68

*Dijo luego el Señor: Bien he
visto la aflicción de mi pueblo.*

ÉXODO 3.7

(LA HISTORIA COMPLETA EN: ÉXODO 3.7-8)

• • •

DIOS ESTÁ PREOCUPADO POR TI

¿Estás atravesando un tiempo en el que te sientes
decaída "por debajo del nivel del mar", luchando solo
para permanecer viva en medio de tus problemas?
Desearía poder cambiar tus circunstancias, pero no
puedo. Sin embargo, tengo algunas palabras de la
Biblia para animarte.

En primer lugar, esto es lo que quiero que hagas.
Remóntate en tu pensamiento al tiempo en el que el
pueblo de Dios, los israelitas, eran esclavos en Egipto.
Ahora piensa cómo era la vida para ellos, mientras
sufrían bajo la tiranía de los faraones. Tal vez existan
algunos paralelos entre sus aflicciones y las que tú estás
sufriendo.

Por ejemplo, estás atascada en esta situación

imposible a la que no le ves salida, ¿no es cierto? Así es como se sentían los israelitas. Cuando clamaban a Dios, parecía que no ocurría nada.

Pero, entonces, *pasó* algo. Dios intervino. Y todo cambió rápidamente. «Dijo luego el SEÑOR: *Bien he visto* la aflicción de mi pueblo... *he oído* su clamor... he conocido sus angustias, y *he descendido para librarlos*». (Éxodo 3.7-8, cursivas añadidas).

Querida amiga, Dios no te ha olvidado. Como le dijo a su pueblo hace tanto tiempo, él te ve, te oye, está preocupado y te rescatará. Echa tu carga sobre el Señor y ve si no te lleva a un lugar de bendición en tu vida.

Dios dice: «Recuerda...Yo te formé, tú eres mi siervo... no te olvidaré» (Is 44.21).

69

Y todo lo que hagan, de palabra o de obra, háganlo en el nombre del Señor Jesús, dando gracias a Dios el Padre por medio de él.

COLOSENSES 3.17

• • •

PEQUEÑAS OBEDIENCIAS

Como mujer, cada día haces tantas *pequeñas* cosas, ¿verdad? Te cuidas de lavar la ropa sucia, de comprar comida, de preparar la comida, de tomar las citas con el dentista, de realizar las tareas domésticas. Y la lista sigue, y sigue. La vida de una mujer está formada por pequeñas cosas que hacer que parecen no tener fin.

Pero las pequeñeces son importantes. El evangelista F. B. Meyer declaró:

No intentes hacer algo grande; puedes perder todo tu tiempo esperando una oportunidad que puede no llegar jamás. Pero como las pequeñas cosas siempre están reclamando tu atención, llévalas a cabo... para la gloria de Dios.

Meyer se hace eco de lo que el apóstol Pablo escribió en Colosenses 3.17: «*Y todo lo que hagan, de palabra o de obra, háganlo en el nombre del Señor Jesús, dando gracias a Dios el Padre por medio de él*».

Me gusta pensar en las pequeñas cosas como en «pequeñas obediencias». El cardenal John Henry Newman dijo que tomar la cruz de Cristo consiste en la práctica continua de pequeños deberes que nos pueden resultar desagradables.

Cuando cuidaba a mis hijos pequeños, uno de ellos siempre necesitaba a mamá —no para algo «importante»—, solo para resolver una discusión, o para limpiar algo derramado, mientras que el teléfono sonaba y la pasta hervía sobre el fuego. Tenía poco tiempo para hacer algo «espiritual», como largos periodos de oración o extensos estudios de la Biblia.

Finalmente me di cuenta de que en esa etapa particular de mi vida, lo mejor que podía hacer era suplir cada demanda con la actitud correcta, haciendo cada tarea como para el Señor, y que mi corazón estuviera sintonizado con él. ¡Pequeñas obediencias! ¿Por qué no le ofreces hoy esas pequeñas cosas al Señor?

70

Y ahora que hemos sido justificados por su sangre, ¡con cuánta más razón, por medio de él, seremos salvados del castigo de Dios!

ROMANOS 5.9

• • •

PUEDES SABER

¿De verdad sabes que Dios te ha perdonado por *todo* lo incorrecto que has hecho en tu vida? ¡Puedes tenerlo por seguro, sin una sombra de duda!

La mayoría de nosotros somos conscientes de que Dios es perfecto. Jamás ha hecho algo que esté mal. Y la mayoría de nosotros sabemos perfectamente que hemos hecho lo incorrecto: *somos pecadores.* Dios tiene, pues, un «problema», porque quiere que vivamos con él para siempre, pero la santidad y el pecado no pueden cohabitar. Está el asunto ese de que tú y yo seamos pecadores.

Por esta razón exactamente vino Jesús a la tierra: para vivir con nosotros y morir, y pagar el precio de nuestros pecados. Era a nosotros a quienes deberían de haber crucificado en la cruz por haber pecado. Nosotros éramos quienes teníamos que pagar la pena de muerte. Pero Jesús murió en nuestro lugar.

El apóstol Pablo escribió: «Y ahora que hemos sido justificados por su sangre, ¡con cuánta más razón, por medio de él, seremos salvados del castigo de Dios!» (Ro 5.9). ¿Has notado la frase «justificados por su sangre»? Significa que Jesús pagó con su sangre por nuestros pecados para que nosotros no tuviéramos que hacerlo. Creyendo sencillamente en lo que él hizo por nosotros, hallamos la vida eterna y el perdón completo. No tenemos que fingir no haber hecho nunca nada incorrecto. No tenemos que esconder nuestros pecados. Y no tenemos que pillar a Dios de buen humor para que nos perdone. El perdón se basa en un hecho de la historia —la muerte de Jesús en la cruz por nosotros— y no en un estado de ánimo.

No pierdas otro día pensando si tienes el perdón. Deposita tu fe en lo que Jesús hizo en la cruz. Puedes saber que has sido perdonada.

71

*Enséñanos a contar bien nuestros días, para
que nuestro corazón adquiera sabiduría.*
Salmo 90.12

• • •

El reloj de la muerte

Entre las páginas webs más raras se encuentra
Deathclock.com (el relojdelamuerte.com). Cuando
visitas esta web, te dan la bienvenida con el mensaje:
«Bienvenido al reloj de la muerte, el amistoso aviso de
Internet que te recuerda que la vida se va escapando...
segundo a segundo. El reloj de la muerte hará que te
acuerdes de lo breve que es la vida».

Puedes escribir tu fecha de nacimiento, tu
género, tu peso, tu altura, y, curiosamente es necesario
que especifiques si eres fumador o no, y también tu
perspectiva general de la vida. El reloj de la muerte te
dará entonces una «adivinestimación» del día de tu
muerte, con los segundos exactos que te quedan de
vida. (La fecha es puramente una suposición basada en

las tablas de expectativa de vida.) A continuación, el número va disminuyendo delante de tus ojos.

¿Para qué contemplar la brevedad de la vida? Un versículo de la Biblia responde a esa pregunta. Moisés oró: «Enséñanos a contar bien nuestros días, para que nuestro corazón adquiera sabiduría» (Sal 90.12). Yo escribí la fecha estimada de mi muerte, no porque creyera en su exactitud, sino para recordarme a mí misma que cada día es un regalo de Dios que hay que usar con sabiduría.

Quiero alentarte a vivir hoy plenamente, apreciando cada momento. Anna Lindsay dijo: «Que estemos vivos hoy es una prueba positiva de que hay algo que Dios quiere que hagamos hoy».[14] No pierdas preciosos segundos de tu tiempo en amargura o sintiendo lástima de ti. No dejes que el enojo o la venganza te roben ni un solo día. La vida es demasiado valiosa para eso.

Hoy Dios te ha dado 86.400 segundos. Acepta el día y, con un corazón sabio, usa esos segundos para marcar la diferencia.

---

14.   Citado en *Joy and Strength*, ed. Mary Wilder Tileston, (Boston, Massachusetts: Little, Brown and Company, 1901), p. 47.

72

*En cambio, el fruto del Espíritu
es... dominio propio.*

GÁLATAS 5.22-23

(LA HISTORIA COMPLETA EN: GÁLATAS 5.16-26)

● ● ●

LA AUTODISCIPLINA

Estaba cuidando a los cuatro hijos de nuestra hija yo
sola. El mayor tenía seis años y los mellizos uno, por
lo que yo necesitaba tener ojos detrás de la cabeza para
controlarlos a todos. Cuando me encontraba arriba
ayudando a tres de ellos a vestirse, uno de los mellizos
decidió que me ayudaría derramando su propio zumo
de naranja para el desayuno. Se las arregló para abrir el
refrigerador y sacar el cartón de dos litros de zumo de
la estantería. Ya te imaginas lo que ocurrió. Al verter el
zumo en su vaso, el peso varió dentro del cartón y muy
pronto, *todo* el zumo estaba por el suelo. No consigo
recordar las veces que tuve que fregar aquel día el suelo
pegajoso, intentando que quedara limpio.

De mi experiencia como madre de tres y abuela

de ocho he aprendido que necesito autodisciplina
—montones de ella— cuando todo está agitado.
La autodisciplina marca la diferencia entre la
exasperación y la templanza, entre descargar mi
impaciencia y controlar mi enfado.

Pero, francamente, solo pensar en la
autodisciplina hace que se me quiten las ganas de todo.
Inmediatamente pienso en una camisa de fuerza, en
pasar mis días pensando solamente. *¿Qué es lo próximo
que debo hacer?* ¿Cómo se espera que viva de este
modo?

La verdad del asunto es que la autodisciplina, o
el autocontrol, forman parte del fruto del Espíritu
enumerado en Gálatas 5. Son cualidades que el
Espíritu Santo de Dios produce en nuestra vida. No
puedo producir autodisciplina en mi vida por mis
propios esfuerzos, como tampoco puedo atar una
manzana a un árbol y esperar que crezca. Dios tiene
que hacerlo.

Pídele a Dios que te llene de su Espíritu y te
fortalezca para obedecerle. Entonces descubrirás que
la autodisciplina se va convirtiendo, cada vez más, en
una parte natural de tu vida.

73

El Rey les responderá: "Les aseguro que todo lo que hicieron por uno de mis hermanos, aun por el más pequeño, lo hicieron por mí".

MATEO 25.40

(LA HISTORIA COMPLETA EN: MATEO 25.31-40)

• • •

HAZLO POR MÍ

En los primeros meses en que Anita Septimus empezó a cuidar a bebés con SIDA, sintió ganas de abandonar. Tres de los bebés ya habían muerto. *¿Por qué seguir con un trabajo tan doloroso? ¿De qué han servido mi amor y mi intervención si los bebés han fallecido de todos modos?*, se preguntaba a sí misma. Sus amigos le recordaban: «Has escogido una profesión complicada».

Pero Anita no tiró la toalla. Siguió ministrando, no solo a los niños, sino a sus familias. Les enseñó cómo prevenir el SIDA para que otros miembros de la familia no lo contrajeran. Sufrió con ellos como solo pueden sufrir los padres cuando pierden un hijo.

Anita prosiguió con su labor de amor para con más de trescientas familias de niños con SIDA. Cuando uno de los bebés que habría muerto sin sus cuidados celebró su décimo cumpleaños, Anita supo que su obra merecía la pena. Desde 1985 se ha dedicado a este ministerio que da vida.

Vivió su vida siguiendo la enseñanza de Jesús. «Les aseguro —dijo Jesús— que todo lo que hicieron por uno de mis hermanos, aun por el más pequeño, lo hicieron por mí» (Mt 25.40).

Jesús declaró que un día compareceremos ante su presencia para recibir recompensas por lo que hayamos hecho. Si estás pasando por la monotonía de ayudar a alguien que no muestra aprecio y sientes que estás perdiendo tu tiempo, recuerda que Dios está observando. Está llevando un registro de tu bondad. Sigue adelante, porque un día escucharás a Jesús mismo pronunciar estas palabras.

74

*Ustedes estaban corriendo bien.
¿Quién los estorbó para que dejaran
de obedecer a la verdad?*

GÁLATAS 5.7

• • •

¿QUIÉN TE ESTORBÓ?

La carrera femenina de los tres mil metros en los Juegos
Olímpicos de 1984 resultó ser uno de los momentos
más dramáticos en la historia del deporte. La favorita
para conseguir la medalla de oro fue la estadounidense
Mary Decker. Zola Budd, la joven atleta que corría
descalza, Zola Budd, originaria de Sudáfrica y que
ahora competía por Gran Bretaña había pulverizado el
record y era una fuerte rival.

Poco después de la mitad de la carrera, Budd
y Decker chocaron y esta última cayó en el campo
interior, agarrándose la cadera derecha con gran
dolor. Budd recuperó el equilibrio y siguió adelante
con la carrera en medio del abucheo de la multitud

que pensó que había hecho tropezar a Decker deliberadamente. Budd, que iba liderando la carrera cuando esta comenzó, acabó séptima. Ayudaron a Decker a salir de la pista, hecha un mar de lágrimas, incapaz de acabar la carrera.

Cada vez que escucho esta historia recuerdo un versículo del libro de Gálatas. Un problema en la iglesia estaba desviando a los jóvenes cristianos gálatas de su progreso espiritual. El apóstol Pablo les preguntó: «Ustedes estaban corriendo bien. ¿Quién los estorbó para que dejaran de obedecer a la verdad?» (Gá 5.7).

Somos muy parecidas a los gálatas. Permitimos que los conflictos y las decepciones con las personas nos saquen de la pista. A veces, solo necesitamos que alguien choque con nosotras mediante una crítica y estamos dispuestas a abandonar. Creo que Pablo también nos habría dicho: «Ustedes estaban corriendo bien. ¿Quién [las] estorbó?». Independientemente de quién te haga daño o quién te decepcione, no es suficiente razón para tirar la toalla. ¡Anímate! Levántate, vuelve a centrarte y sigue corriendo.

75

Porque yo sé muy bien los planes que tengo para ustedes —afirma el Señor—, planes de bienestar y no de calamidad, a fin de darles un futuro y una esperanza.

JEREMÍAS 29.11

• • •

CELEBRA TU FEMINIDAD

¿Has pensado alguna vez seriamente que el que seas una mujer y no un hombre es el plan bien definido de Dios para ti? De haber necesitado otro hombre en el mundo, tú serías uno, ya que nacen aproximadamente ciento cuatro bebés niño por cada cien bebés niñas. «Porque yo sé muy bien los planes que tengo para [ti] —afirma el SEÑOR—, planes de bienestar y no de calamidad, a fin de darles un futuro y una esperanza» (Jer 29.11).

Dado que tu género no es un accidente, sino el plan directo e individual de Dios para ti, te animo a celebrar tu feminidad y a no dejar que nada te robe el orgullo o disfrute de su don de tu condición de mujer. Él te ha dado un cuerpo hermoso, a pesar de cómo se esfuerzan los medios y la cultura actual por hacer que te sientas deficiente y que necesitas una «reparación» mediante inyecciones de bótox y cirugía. Salimos de la mesa de dibujo del cielo para ser bellas creaciones de la mano divina. Aprecia tu cuerpo. Cuídalo con una alimentación adecuada y bastante ejercicio. Disfruta de la ropa bonita y de las cosas femeninas.

Poco después de casarnos, Harold y yo visitamos Francia. Había oído hablar de las prostitutas de París, pero no estaba preparada para ver lo hermosas que eran: bien arregladas, esbeltas, elegantes y caminando con orgullo. Pensé: *Si ellas pueden lucir así, cuando viven de esta forma tan lamentable y siendo explotadas, yo también puedo mantenerme atractiva para mi maravilloso esposo que me es fiel y me ama con todo su corazón.*

Disfruta de tu feminidad, no de forma extravagante ni egocéntrica, sino con la libertad de ser la mujer que Dios ha querido que seas.

76

Jesús llamó a sus discípulos y les dijo: «Les aseguro que esta viuda pobre ha echado en el tesoro más que todos los demás. Éstos dieron de lo que les sobraba; pero ella, de su pobreza, echó todo lo que tenía, todo su sustento».

MARCOS 12.43-44

(LA HISTORIA COMPLETA EN: MARCOS 12.41-44)

• • •

EL DONATIVO MÁS VALIOSO QUE SE ENTREGÓ JAMÁS

Un día estaba Jesús sentado cerca del templo en Jerusalén, observando cómo depositaban las personas su dinero en una caja para la ofrenda colocada a la entrada. Se percató de que muchos ricos ponían grandes cantidades. Pero en ese momento llegó una viuda y echó dos monedas muy pequeñas de cobre equivalentes tan solo a una fracción de centavo.

Llamando a sus discípulos para que se acercaran a él, les dijo: «Les aseguro que esta viuda pobre ha echado en el tesoro más que todos los demás. Éstos dieron de lo que les sobraba; pero ella, de su pobreza, echó todo lo que tenía, todo su sustento» (Mr 12.43-44).

El otro día estaba pensando en cuánto dinero se ha entregado para la obra del Señor como resultado del ejemplo de esta viuda. Ni siquiera conocemos su nombre, pero es indudable que se han donado millones de dólares por su disposición a dar todo lo que tenía. Su diminuta ofrenda se ha multiplicado incontables veces. ¿No crees que se sorprendería si lo supiera?

Jesús sigue viendo lo que damos. Sabe cuándo entregamos y cuánto nos queda después de ofrendar. También conoce nuestros motivos para dar. Él mira nuestro corazón y sabe si lo hacemos por él o solo para impresionar a otros, o tal vez para mitigar los sentimientos de culpa por tantas bendiciones como de verdad recibimos.

Sí, Dios ve cuando te sacrificas para darle a él. Y un día te recompensará. Da; nunca sabrás cómo influirá tu ejemplo en otras personas.

77

Porque desde la creación del mundo las cualidades invisibles de Dios, es decir, su eterno poder y su naturaleza divina, se perciben claramente a través de lo que él creó, de modo que nadie tiene excusa.

ROMANOS 1.20

• • •

DRA. NADIA

Nadia Pachenko fue una brillante inspiración para mí. Doctora en biología, era la directora del Centro Médico Ecológico de Ucrania, que investigaba los problemas de salud que se desarrollaron por el desastre nuclear de Chernobyl. La doctora Nadia fue una de las primeras en ayudar a las víctimas después de la fusión nuclear y se negó a abandonar su misión para protegerse. Como resultado, recibió altas dosis de radiaciones y su propia vida se vio acortada por el cáncer.

Pero en los años intermedios, la doctora Nadia dirigió una clínica en Kiev para tratar a las personas que habían sido reubicadas allí desde la zona de radiación. Las cuidó de forma gratuita, ya que ellos no tenían dinero para pagarle. Los niños, en especial, tocaron su corazón, porque ella sabía que sus problemas de salud irían en aumento durante el transcurso de su vida.

La doctora Nadia fue autora de más de noventa publicaciones científicas y tenía las patentes de más de diez descubrimientos relacionados con la sangre. De haber buscado popularidad y posición, se habría hecho famosa a nivel mundial; sin embargo, permaneció con aquellos que más la necesitaban. Habría crecido en la antigua URSS y solo había aprendido la evolución atea. Pero cuando empezó a estudiar las células de la sangre, quedó asombrada de la precisión, el orden y la interdependencia del proceso que había en ellas. «La célula de la sangre "me dio testimonio" sobre el Creador», afirmó. Esto la condujo finalmente a su fe en Cristo.

La doctora Nadia descubrió al Creador en su creación. «Porque desde la creación del mundo las cualidades invisibles de Dios, es decir, su eterno poder y su naturaleza divina, se perciben claramente a través de lo que él creó...» (Ro 1.20). Su fe, a su vez, hizo que alcanzara a quienes necesitaban ayuda con urgencia. Sí, doctora Nadia, ¡ciertamente su vida sigue siendo una inspiración!

78

*¡Dichoso aquel cuyo pecado el
Señor no tomará en cuenta!*

ROMANOS 4.8

• • •

PERDÓNATE A TI MISMA

La mujer lloraba mientras decía: «¡Lo que he hecho es tan terrible! Puedo aceptar que Dios me haya perdonado, pero yo jamás podré perdonarme». Lamentablemente, estaba iniciando una vida de miseria.

Muchas personas no entienden el concepto del perdón. Cuando Dios perdona, no se limita a decir: «Lo que has hecho no es tan malo, y, además, yo te amo; no tomaré en cuenta este pecado por esta vez». No, el perdón no consiste en esto. El pecado es malo y el perdón fue muy costoso. Requirió la muerte de Jesús en la cruz para pagar la culpa de nuestro pecado. Cuando Dios nos perdona, no actúa así porque le «apetezca», sino que se basa firmemente en que Jesús pagó la sentencia por el pecado para que nosotras no tengamos que hacerlo.

Entonces, ¿por qué las personas no se perdonan a sí mismas? Mi amigo, el doctor Richard Smith, que aconseja a personas con problemas de perdón, declara que según su experiencia quienes no consiguen perdonarse no han entendido realmente que Dios sí lo ha hecho por completo. Ya no nos ve como pecadores, sino como santos, el término bíblico para los creyentes perdonados por Jesucristo. Y si esta es la forma en que Dios nos ve, ¿con qué derecho nos consideramos nosotros mismos de otra manera? A los ojos de Dios nuestros pecados ya no existen. Romanos 4.8 afirma: «¡Dichoso aquel cuyo pecado el Señor no tomará en cuenta!».

¡El pecado perdonado ha desaparecido para siempre! Estás perdiendo el tiempo castigándote por ello. Además, estás deshonrando a Dios que pagó el precio de tu perdón. ¡Ha llegado el momento de que dejes ir tus sentimientos de culpa! Es hora de olvidar lo que queda atrás, como dice Pablo, y de extenderse hacia lo que hay por delante (Fil 3.13). Acércate a Dios en oración y pídele que te ayude a perdonarte a ti misma por fin y por completo, ahora.

79

Pero los exhorto a temer al SEÑOR y a servirle fielmente y de todo corazón, recordando los grandes beneficios que él ha hecho en favor de ustedes.

1 SAMUEL 12.24
(LA HISTORIA COMPLETA EN: 1 SAMUEL 12.19-24)

● ● ●

CUANDO HAS OFENDIDO A DIOS

El pueblo de Israel quería un rey para ser como las naciones paganas de su entorno. En aquella época tenían una teocracia, un gobierno del que Dios era la cabeza y con jueces humanos que aconsejaran al pueblo.

Pero ahora querían una monarquía, porque todos los demás la tenían. En realidad dijeron: «Dios, no eres lo suficientemente bueno para nosotros». Cometieron un grave error.

Samuel, que era su juez en aquellos momentos, los ayudó a restaurar su relación con Dios. Lo que les dijo en 1 Samuel 12 nos da un patrón a seguir cuando le hayamos hecho daño al Señor:

1. Primero, admite tu ofensa. El pueblo respondió a Samuel: «A todos nuestros pecados hemos añadido la maldad de pedirle un rey» (v. 19).

2. Segundo, vuélvete de todo corazón al Señor.

3. Tercero, entiende que cuando te arrepientes, Dios te restaurará. Samuel declaró: «Por amor a su gran nombre, el SEÑOR no rechazará a su pueblo; de hecho él se ha dignado hacerlos a ustedes su propio pueblo» (v. 22).

4. Cuarto, que los cristianos maduros oren por ti y tú acepta humildemente su instrucción. Samuel prosiguió: «En cuanto a mí, que el SEÑOR me libre de pecar contra él dejando de orar por ustedes. Yo seguiré enseñándoles el camino bueno y recto» (v. 23).

5. Quinto, da gracias a Dios por su perdón y decide servirlo. «Pero los exhorto a temer al SEÑOR y a servirle fielmente y de todo corazón», dijo Samuel (v. 24).

Cuando hemos ofendido a Dios, nos es el final. De hecho, puede ser un nuevo comienzo si regresamos a él.

80

Cuando los llamé, ustedes no me
respondieron, hablé y no me escucharon.
Isaías 65.12; ntv

• • •

Responder y escuchar

En esta época de buzones de voz y de identificador
de llamada, a menudo las personas no contestan sus
teléfonos hasta después de saber quién llama.

Curiosamente hay un versículo de la Biblia que
habla de que Dios nos llama y no obtiene respuesta.
Isaías 65.12 declara: «Cuando los llamé, ustedes
no me respondieron; hablé y no me escucharon».
¡Qué triste! El Dios Todopoderoso, el Creador del
cielo y de la tierra, llamó al pueblo que ama, pero ni
le respondieron ni escucharon lo que él tenía que
decirles. En otras palabras, le colgaron el teléfono.

Seamos sinceras. ¿Acaso no ha habido veces
en que has oído la voz de Dios hablándote en tu
corazón, y no has querido escuchar? Dejas que sea
el contestador automático el que responda, por así

decirlo, e ignoras la voz de Dios. Yo admito que lo he hecho.

¡Cuán distinta es la forma en que Dios trata nuestras llamadas! En el mismo capítulo de Isaías, Dios afirma: «Antes que me llamen, yo les responderé; todavía estarán hablando cuando ya los habré escuchado» (v. 24). Cuando llamamos a Dios, él responde incluso antes de nuestra llamada, y no nos ignora como lo hacemos nosotros a veces con él.

Cuando llamas a Dios, puedes estar segura de que te responderá. David declaró: «En mi angustia invoqué al Señor; clamé a mi Dios, y él me escuchó desde su templo; ¡mi clamor llegó a sus oídos!» (Sal 18-6). Dios no tiene contestador automático, ni recepcionista que responda las llamadas. Tu clamor llega directamente a sus oídos.

La próxima vez que sientas que Dios te está hablando, ten la cortesía de responderle.

81

*Has visto bien —dijo el SEÑOR—, porque
yo estoy alerta para que se cumpla mi palabra.*
JEREMÍAS 1.12

• • •

CUARENTA Y SIETE REYES

Con frecuencia solemos pensar en la Biblia como un
libro que nos enseña principios para vivir, el Manual
divino para la vida. Pero a veces olvidamos que
también es un preciso registro de la historia.

Los libros históricos del Antiguo Testamento
(desde Josué hasta 2 Crónicas), por ejemplo, recogen
los nombres de cuarenta y siete reyes, aparte de los que
reinaron en Israel y Judá. Lo extraño es que, durante
más de 2.300 años, los eruditos seculares no los
reconocieron como hombres que en verdad vivieron y
reinaron. A pesar de la grandeza de estos gobernantes,
los estudiosos los relegaron al ámbito de la mitología,
sencillamente porque no habían hallado pruebas,
al margen de la Biblia, de que hubieran existido en
verdad.

Pero los arqueólogos empezaron a hacer nuevos descubrimientos. Estos reyes fueron haciendo su aparición en los registros históricos de aceptación universal. En la actualidad, los cuarenta y siete han sido autentificados por las pruebas arqueológicas. Cada rey ha sido reconocido como una persona que vivió y reinó, tal como la Biblia afirma que hizo.

¿No te alegra que las palabras que Dios inspiró para que los escritores de la Biblia las recogieran sean verdaderas y fiables? Es un maravilloso consuelo cuando estás pasando por tiempos difíciles. El Dios que se aseguró de que se recopilara la historia en la Biblia con toda precisión es el mismo que promete, en esa misma Biblia, que «El Señor mismo marchará al frente de ti y estará contigo; nunca te dejará ni te abandonará. No temas ni te desanimes» (Dt 31.8).

Puedes descansar en sus promesas, porque él ha dicho: «Yo estoy alerta para que se cumpla mi palabra» (Jer 1.12).

82

*Tal herencia está reservada en el cielo para
ustedes, a quienes el poder de Dios protege
mediante la fe hasta que llegue la salvación
que se ha de revelar en los últimos tiempos.*

1 PEDRO 1.4-5

(LA HISTORIA COMPLETA EN: 1 PEDRO 1.3-9)

• • •

LAS BUENAS COSAS DEL CIELO

Armin Gesswein era un hombre piadoso conocido por
la oración... y por el café. No solo dirigía la oración de
apoyo para algunas de las primeras cruzadas de Billy
Graham, sino que pasó casi toda su vida enseñando y
predicando sobre la oración.

Durante gran parte de su vida, Armin ministró
en Noruega. Allí se casó con una hermosa muchacha
noruega, Reidun. Ambos disfrutaban profundamente
de tazas y tazas de caliente y fuerte café.

Ahora se encuentran con el Señor, pero suelo
intercambiar correos electrónicos con sus hijas Carol

y Sonja. En uno de los que me crucé con Carol le mencioné que sería fantástico reunirnos para tomar una taza de café. Como vive a muchos kilómetros de donde yo resido, añadí de forma casual: «¿Tal vez en el cielo? ¿Tomarán café en el cielo?».

Carol me respondió: «Bueno, a mi padre le encantaba su café, y dado que no hay infelicidad en el cielo, ¡tiene que haber café allí!».

Me encantaría poder echar un vistazo al Cielo y ver cómo es. Estoy deseando tomar esa taza de café con los Gessweins.

«Nosotros somos ciudadanos del cielo, donde vive el Señor Jesucristo; y esperamos con mucho anhelo que él regrese como nuestro Salvador» (Fil 3.20). El apóstol Pedro dice que hay «una herencia indestructible, incontaminada e inmarchitable. Tal herencia está reservada en el cielo para ustedes» (1 P 1.4). Juan añadió: «Ya no habrá maldición. El trono de Dios y del Cordero estará en la ciudad. Sus siervos lo adorarán; lo verán cara a cara, y llevarán su nombre en la frente. Ya no habrá noche; no necesitarán luz de lámpara ni de sol, porque el Señor Dios los alumbrará. Y reinarán por los siglos de los siglos» (Ap 22.3-5).

¡Apenas puedo esperar!

83

*Unos hombres piadosos sepultaron a Esteban
e hicieron gran duelo por él. Saulo, por
su parte, causaba estragos en la iglesia.*

HECHOS 8.2-3

(LA HISTORIA COMPLETA EN: HECHOS 7.1—8.3)

• • •

EL PODER QUE TRANSFORMA VIDAS

El evangelista Dwight L. Moody aceptó en una
ocasión el reto de debatir con un ateo. Accedió,
sin embargo, con una condición: que el ateo
proporcionara diez o más personas cuyas vidas
hubieran sido transformadas por el ateísmo. Moody
dijo: «Yo aportaré más de cien personas sobre la
plataforma que testificarán de que creer en Cristo ha
cambiado sus vidas». Incapaz de traer ni siquiera diez
ejemplos, el ateo retiró su ofrecimiento.

El apóstol Pablo mismo fue un ejemplo principal
del poder de Cristo que transforma las vidas. Cuando
le encontramos por primera vez en la Biblia, es un
joven llamado Saulo que observa cómo apedrean

a Esteban hasta la muerte. Los testigos pusieron la ropa de este a los pies de Saulo. Pero no se trataba de un mero espectador. Las Escrituras dicen que estaba dando su aprobación a la ejecución (Hch 8.1). Después de esto, Saulo mismo empezó a ir de casa en casa «respirando aún amenazas de muerte» (Hch 9.1) y metiendo a los cristianos en la cárcel (Hch 9.3).

Poco sabía él que antes de llegar a Damasco, el encuentro con el Señor lo cambiaría para siempre. Su vocación lo haría pasar de persecutor a predicador, su nombre cambió de Saulo a Pablo y su corazón dejó de arder de deseo de ver a los cristianos muertos para estar dispuesto a dar su vida para que otros pudieran escuchar el evangelio.

Pablo declaró: «No me avergüenzo del evangelio, pues es poder de Dios para la salvación de todos los que creen» (Ro 1.16). El evangelio sigue siendo poderoso para cambiar vidas por toda la eternidad.

84

Yo mismo dije: «¡Cómo quisiera tratarte
como a un hijo, y darte una tierra codiciable,
la heredad más hermosa de las naciones!».
Yo creía que me llamarías «Padre mío»,
y que nunca dejarías de seguirme.

JEREMÍAS 3.19

• • •

LLÁMAME PADRE

Para mí, uno de los versículos más desgarradores de la Biblia es Jeremías 3.19, donde Dios le dice a su caprichoso pueblo: «¡Cómo quisiera tratarte como a un hijo!... Yo creía que me llamarías "Padre" y que nunca dejarías de seguirme».

Aquí tenemos a Dios, el Ser Supremo del universo, el Creador de todo esto, está anhelando tener una relación padre-hijo con nosotros. Y, por ello, sufre. Todo es suyo, menos el afecto de sus hijos.

Muchas mujeres me cuentan que les cuesta pensar en Dios como su Padre celestial, por haber tenido un padre terrenal absolutamente despreciable. En lugar de amarlas, darles cariño y alentarlas, sus padres las acosaban sexualmente y las maltrataban, o, sencillamente desaparecieron de sus vidas. No tienen un concepto de lo que es tener un padre que proteja y de quien se pueda depender.

La autora Hannah Whitall Smith nos ayuda a conceptualizar el amor de Dios Padre:

Reúne todo el amor más tierno que conozcas,
el más profundo que hayas sentido jamás y
el más fuerte que hayan derramado sobre ti;
amontona sobre él todo el amor de todos los
corazones humanos amorosos del mundo; luego
multiplícalo al infinito ¡y tendrás un vago
vislumbre del amor y de la gracia de Dios![15]

Es evidente que Dios quiere una relación con nosotros, y que su corazón de Padre anhele que queramos estar cerca de él. Lo dice en su Palabra. ¿Qué podemos hacer, sino creerlo?

Tómate hoy un momento para darle gracias a Dios por ser tu Padre celestial. Él quiere oír cómo pronuncias su nombre.

---

15. Melvin E. Dieter y Hallie A. Dieter, *God is Enough—Selections from Published an Unpublished Devotional Writings by Hannah Whitall* (Longwood, FL: Xulon Press, 2003), p. 97.

85

*He sido crucificado con Cristo, y ya no vivo
yo sino que Cristo vive en mí. Lo que ahora
vivo en el cuerpo, lo vivo por la fe en el Hijo
de Dios, quien me amó y dio su vida por mí.*

GÁLATAS 2.20

• • •

CUANDO DIOS INTERVIENE

Los tres jóvenes —Matt, Steve y Cole— eran los
mejores amigos. No obstante, en un viaje a Las Vegas,
se vieron implicados en un grave accidente de auto.
Matt y Cole sobrevivieron, pero Steve no.

La experiencia de perder a su mejor colega, Steve,
hizo que Matt y Cole se unieran como solo puede
hacerlo una tragedia. Ambos disfrutaban con sus
motos todoterreno, y, finalmente, planearon el gran
viaje: una semana entera en moto en los alrededores de
una vieja ciudad minera en el desierto. Scott, un tercer
amigo, se unió a ellos.

Les quedaba la vuelta final. Matt fue el primero

en subir la colina en su moto, y desapareció de la vista. Cuando Cole llegó a la cresta, no vio nada sino un inmenso agujero en la tierra. Frenéticos, Scott y él empezaron a buscar a Matt, cuando el horror de la realidad se apoderó de ellos. Matt había caído unos doscientos cuarenta metros en picado en el interior de un pozo minero abandonado y sin señalizar, y no sobrevivió.

Cole explicaba: «La opción era lamentarme, echarle la culpa a Dios y tal vez empezar a beber. O podía hacer algo con mi vida». A la edad de veintiún años, Cole tomó la decisión de honrar a Steve y a Matt viviendo una vida centrada en Dios. Empezó a compartir su testimonio en las iglesias y en las escuelas.

Solía decir: «Prometí... que independientemente de lo incómodo que pueda resultar, si siento que el Señor me llama a hacer algo, jamás volveré a desperdiciar una oportunidad».[16] Cole puede decir ahora junto con Pablo: «He sido crucificado con Cristo, y ya no vivo yo sino que Cristo vive en mí» (Gá 2.20).

Cuando Dios interviene claramente en la vida de una persona, es con un propósito. ¿Te ha estado hablando a través de las circunstancias de tu vida? Escucha lo que te está diciendo.

---

16. Tomado de la carta de oración de Cole Hatter, 2005.

86

*Decían: La tierra que hemos explorado
se traga a sus habitantes, y los hombres
que allí vimos son enormes... Comparados
con ellos, parecíamos langostas, y
así nos veían ellos a nosotros.*

NÚMEROS 13.32-33
(LA HISTORIA COMPLETA EN: NÚMEROS 13.16-33)

• • •

FE DE LANGOSTA

El pueblo de Israel se hallaba en la frontera de la tierra
que Dios les había prometido. Pero antes de entrar,
enviaron a un comité de investigación formado por
doce hombres, para que evaluaran el terreno.

Los doce vieron que era buena; los doce sabían que
Dios había prometido dársela. Sin embargo, solo dos
dijeron: «Subamos a conquistar esa tierra. Estoy seguro
de que podremos hacerlo» (Nm 13.30). Los otros diez
replicaron: «Hasta había gigantes, los descendientes de

Anac. ¡Al lado de ellos nos sentíamos como saltamontes y así nos miraban ellos!» (Nm 13.33).

Mi padre solía decir: «No creo que ningún hijo de Dios debería verse como una langosta. Tú y yo hemos sido redimidos por la preciosa sangre del Señor Jesucristo. Creo en la humildad, pero ser humilde no significa mostrar una falta de respeto por lo que Dios ha hecho por ti».

Los diez espías informaron: «Las ciudades son grandes, ¡con murallas que llegan hasta el cielo!» (Dt 1.28). ¿Sabes por qué pensaban así? Mi padre respondería: «Porque eran langostas. Imagínate a una langosta abajo, en la base de una ciudad amurallada. Levanta sus ojos lo suficiente para contemplar ese muro y va subiendo, subiendo y nunca se detiene hasta que toca el cielo. Esta es la visión que una langosta tiene de un muro».

¿Te estás enfrentando a gigantes y a ciudades amuralladas? ¿Cómo los estás contemplando, desde la perspectiva de una langosta? Dios mira hacia abajo, desde el cielo, y ve los mismos gigantes y los mismos muros, pero desde su punto estratégico, no parecen muy grandes. Anímate: nuestro Dios es mayor que cualquier cosa a la que nos tengamos que enfrentar jamás.

87

*El producto de la justicia será
la paz; tranquilidad y seguridad
perpetuas serán su fruto.*

ISAÍAS 32.17

• • •

No más sentimientos de culpa

Una joven que llamaremos Beth estaba escuchando el
«comentario» de Guidelines en la radio cuando Dios
le recordó el hurto que había cometido unos trece
años antes. Sabía que le estaba pidiendo que hiciera
restitución.

Había ocurrido cuando Beth cambió la etiqueta
del artículo que estaba comprando por el de otro más
barato. Sin embargo, a lo largo de los años, cada vez
que recordaba lo que había hecho, se sentía culpable.

Cuando regresó a la tienda para pagar lo que
había robado, el personal de la misma no quiso aceptar
su dinero, porque les descolocaría todo el sistema
contable. De modo que Beth le envió una carta al

director general de la compañía a la que adjuntó un cheque por el importe que debía, explicando cómo esto había ocurrido cuando estaba apartada de su fe cristiana. Le había pedido perdón al Señor —seguía diciendo en la carta—, pero sentía la profunda convicción de que debía hacer restitución.

Beth recibió una carta de la compañía alabando su sinceridad y diciéndole que se donaría el cheque a la caridad. Y, además añadieron que esa carta era un contraste tan maravilloso con las que solían recibir, que la enmarcarían y la pondrían en la pared de su oficina. Beth comentó que le resultaba incómodo imaginar su confesión colgando de una pared, pero que si eso glorificaba al Señor, le parecía bien. Declaró: «Por fin ten paz».

La Biblia nos dice: «El producto de la justicia será la paz; tranquilidad y seguridad perpetuas serán su fruto» (Is 32.17). ¿Te está hablando Dios sobre algo de tu pasado que tienes que resolver para poder quedar libre de tus sentimientos de culpa?

88

*Sigo avanzando hacia la meta para ganar
el premio que Dios ofrece mediante su
llamamiento celestial en Cristo Jesús.*

FILIPENSES 3.14

• • •

¿ÉXITO O RELEVANCIA?

Resulta apasionante ver que muchas personas a nivel
mundial están pensando en el propósito de su vida
desde que han leído el súperventa del 2002 de Rick
Warren, *Una vida con propósito.*

¿Eres uno de los que han descubierto el propósito
de su vida? ¿Buscas el éxito o la relevancia?

Muchos de nosotros pensamos que, para ser
relevantes, hemos de lograr algo grande que nos haga
famosos. En realidad, mucha gente famosa nunca
han hecho nada relevante y, por el contrario, algunas
personas relevantes son desconocidas fuera de los
muros de su hogar o de su organización.

Si sientes que no tienes éxito y que eres insignificante, anímate al saber que tu meta en la vida no debería consistir en perseguir aquello que, según el mundo, es importante, sino lo que Dios afirma que es valioso. Esfuérzate y no te aferres a la razón de ser de otra persona, sino al propósito que Dios tiene para *ti*. Tu trabajo es «seguir avanzando hacia la meta» (Fil 3.14) del plan de Dios para ti y dejarle el resto a él.

En *Dear God, it's Me Again!* [Amado Dios, soy yo otra vez], Gail Ramsey nos recuerda los dibujos animados "Snoopy", donde Charlie Brown extiende sus manos a Lucy y le dice: «¡Mira estas manos! ¡Algún día construirá grandes puentes! ¡Es posible que estas manos hagan home runs! ¡Tal vez escribirán importantes libros o sanarán a personas enfermas... o dirigirán un cohete a Marte!». Lucy, mirando las manos de Charlie Brown, replica: «Las tienes manchadas de gelatina».[17]

Lucy no veía lo mismo que Charlie Brown. Ella solo veía la gelatina. Cuando otros te miran, muchos no verán más que la gelatina. Pero no permitas que destruyan el sueño que Dios ha puesto en tu corazón. Vive su propósito para ti.

---

17. Gail Ramsey, *Dear God, It's me Again!* (New Kensington, PA: Whitaker House, 2004), p. 79.

89

*Cobren ánimo y ármense de valor, todos
los que en el SEÑOR esperan.*

SALMO 31.24

• • •

LAS ACTITUDES MARCAN
TODA LA DIFERENCIA

Una encantadora señora de noventa y dos años,
oficialmente ciega, se estaba mudando a una
residencia. Su marido de setenta años, había fallecido
recientemente. Al maniobrar con su andador para
entrar en el ascensor, el miembro del personal que la
acompañaba le describió su diminuta habitación.

«¡Me encanta!», declaró con el entusiasmo de
una niña de ocho años a la que le hubieran regalado un
nuevo cachorro.

«Sra. Jones, no ha visto la habitación», le dijo el
empleado.

«Eso no tiene nada que ver —respondió la
anciana—. La felicidad es algo que uno decide tener

por adelantado. Que me guste mi habitación no es algo que dependa de la disposición del mobiliario, sino de cómo organice yo mi mente. Ya he decidido que me guste. Es una decisión que tomé esta mañana cuando me levanté. Tengo alternativa: Me puedo pasar el día en la cama repasando la dificultad que tengo con las partes de mi cuerpo que ya no funcionan, o levantarme y dar gracias por las que sí lo hacen. Cada día es un regalo, y, mientras vivía, me centraré en el nuevo día».

¡Qué hermosa actitud! Estoy segura de que todas esperamos que los últimos años de nuestra vida reflejen la mentalidad positiva de esta querida señora.

Una de las mejores cosas que podemos hacer para preparar nuestros años dorados es mirar a Dios como fuente de nuestra esperanza. El Dios que nos ha sido fiel no nos abandonará en los años por venir. El salmista escribió: «Cobren ánimo y ármense de valor, todos los que en el SEÑOR esperan» (Sal 31.24), porque cada día es un don que él nos hace para que lo disfrutemos.

El Señor es muy compasivo y misericordioso.
SANTIAGO 5.11

• • •

MISERICORDIA

Una mujer fue a que un fotógrafo le tomara unas fotografías. Cuando regresó para ver las pruebas y hacer una selección para el retrato final, se sintió muy decepcionada con las fotos.

«Señor, ¡estas fotografías no me hacen justicia!», exclamó.

«Señora, no es justicia lo que usted necesita, sino misericordia».

Esto provoca nuestra risa, pero, sinceramente, todas estamos en la misma posición. Al haber pecado, ninguna de nosotras somos perfectas; necesitamos misericordia, no justicia. Y, cuando venimos a Dios en busca de misericordia, hemos llegado a la fuente correcta. La Biblia dice: «El Señor es muy compasivo y misericordioso» (Stg 6.11).

La misericordia de Dios alude a su tierno cuidado.

Su perdón y su asombrosa bondad hacia los hombres y las mujeres que no lo merecen.

Aunque creas que tu pecado es demasiado grande para que Dios lo perdone, ¡piensa de nuevo! El salmista escribió: «Que abandone el malvado su camino, y el perverso sus pensamientos. Que se vuelva al Señor, a nuestro Dios, que es generoso para perdonar, y de él recibirá misericordia» (Is 55.7). Porque «el Señor es clemente y compasivo, lento para la ira y grande en amor. No sostiene para siempre su querella ni guarda rencor eternamente. No nos trata conforme a nuestros pecados ni nos paga según nuestras maldades» (Sal 103.8-10).

Tú y yo podemos hallar la misericordia de Dios cuando la necesitemos. «Acerquémonos confiadamente al trono de la gracia para recibir misericordia y hallar la gracia que nos ayude en el momento que más la necesitemos» (He 4.16). ¡Dale hoy gracias a Dios por su espléndida misericordia!

¡Nos encantaría tener noticias tuyas!

Por favor, comparte con nosotros la forma en que este libro te ha ayudado o bendecido. Para otras necesidades contacta a Darlene Sala en Guidelines International Ministries

Box G

Laguna Hills, California 92654,

EE. UU.

O por email a:

darlene@guidelines.org.